**Evolução Humana
e
Fatos Históricos**

Edição e distribuição:

Caixa Postal 1820 – CEP 13360-000 – Capivari-SP
Fone/fax: (0xx19) 3491-7000 / 3491-5603
E-mail: editoraeme@editoraeme.com.br
Site: www.editoraeme.com.br

Solicite nosso catálogo completo com mais de 300 títulos.

Não encontrando os livros da EME na livraria de sua preferência, solicite o endereço de nosso distribuidor mais próximo de você através do fone/fax ou e-mail acima.

Regis de Morais

Evolução Humana
e
Fatos Históricos

Capivari-SP
—2002—

Evolução humana e fatos históricos
Regis de Morais

1ª edição – 04/2002 – 1.000 exemplares
2ª edição - 08/2002 - 2.000 exemplares

Capa:
Nori Figueiredo

Diagramação:
Editora EME

Os direitos autorais desta obra foram cedidos pelo autor à
**ESCOLA EVANGELHO ESPERANÇA
DE HORTOLÂNDIA-SP**

──────── *Ficha catalográfica* ────────

Morais, Regis de.
Evolução humana e fatos históricos / Regis de Morais.
(1ª edição 04/2002), 2ª edição 08/2002, Capivari-SP,
Editora EME.
184 p.
1 - Estudo Histórico-doutrinário
2 - Espiritismo - História-Sociologia

CDD 133.9

*Em memória de Domingos França
Filho, cujo espírito leve e bom foi, para nós,
verdadeiro amigo-irmão.*

*Para a amiga-irmã Odete Dal Bão
Barbutti, que nos tem sido exemplo constante
de fraternidade e fé.*

"Com o Novo Espiritualismo a questão toma aspecto muito diferente. O mal é apenas o estado transitório do ser em via de evolução para o bem".
(Léon Denis, *O problema do ser, do destino e da dor*).

"E por que os homens progrediram tanto em saber, sem progredir em virtude? Para nós a resposta é que eles não assimilaram os ensinamentos do Cristo. Não aprenderam a amar, e essa é a razão do desequilíbrio psico-social dos tempos modernos",
(Jayme Andrade, *O Espiritismo e as Igrejas Reformadas*, 1983).

"Fica seguro: Deus não te abandona a não ser que tu O abandones primeiro".
(Santo Agostinho, *Comentários sobre os salmos*).

"Limpa teu coração. Faz dele uma casa para o Senhor. Deixa que Ele more em ti e tu morarás n'Ele".
(Santo Agostinho, *Comentários sobre os salmos*).

SUMÁRIO

I.	– Lei de progresso: mas como?	9
II.	– As crises na história e na atualidade.	13
III.	– Meios de Comunicação de massas: história de um cativeiro.	23
IV.	– Sombras.	28
V.	– Luzes.	38
VI.	– Evolução: apontamentos científicos e filosóficos	60
VII.	– Alguns dados históricos sobre a evolução social.	75
VIII.	– Vidas sucessivas e evolução.	96
IX.	– Vida social, renascimento e regeneração.	126

X. – O pão das promessas evangélicas. 148
Conclusão. 167
Bibliografia 179

I - LEI DE PROGRESSO: MAS COMO?

Esses rostos, nos quais tenho visto um misto de perplexidade e desencanto, impressionam-me cada vez mais. Em diferentes lugares e perante platéias as mais variadas, quase sempre que abordo o tema da lei do progresso e da evolução dos seres humanos, primeiro as fisionomias se inquietam, em seguida os olhares se abismam; depois os rostos voltam a se inquietar e, com expressões sofridas, aparteiam-me de muitos modos como estes que vou sintetizar a seguir:

"O senhor fala em progresso e evolução. Mas progresso de quê? Qual evolução? Basta olharmos para o nosso tempo e veremos que está tudo pior! os valores nobres são desdenhados, a permissividade moral lembra — se não ultrapassa hoje — Sodoma e Gomorra. Há máfias e crime organizado, há impressionante violência social, bem como aí estão os impositivos degenerescentes de uma funesta sociedade de consumo na qual as coisas valem cada vez mais e as pessoas cada vez menos. Afinal, como veremos o progresso humano e a evolução dos quais o senhor nos fala?"

Repito que este desencanto me impressiona e entristece. E foi por vivê-lo repetidas vezes que me pus a refletir sobre questionamentos tão fortes e incisivos. Após um longo mergulho nesse oceano de inquietações, volto à tona acreditando trazer comigo reflexões importantes; novas visões que podem ser bastante significativas para os meus semelhantes dos tempos atuais, tendo sido tão boas e renovadoras para mim mesmo. Eis por que desejei apresentar a todas as mentes e corações de boa vontade alguns resultados de minhas buscas intelectuais e propriamente espirituais, no presente livro.

Não me caberia escrever de pontos de vista superiores e com ares professorais daquele que, por muito saber, ensina.

Escrevo na condição de quem já viveu e sofreu os questionamentos antes descritos, viveu-os de maneira dolorosa, mas aceitou o desafio de compreender melhor o tema da evolução humana e, pedindo o amparo divino, foi à luta. Sinto-me em posição de maior comodidade por já ter sido um dos questionadores e poder compreender tão fraternalmente os que seguem desapontados pelas mesmas dúvidas.

Este é, portanto, um estudo dotado de profundidade reflexiva, como verão meus leitores, mas cujas idéias procurarei comunicar de forma simples, serena e descomplicada, de modo que chegue aos corações e às inteligências de todos os que se angustiam com o quadro social que hoje temos ante nós e à nossa volta.

Se as reflexões que apresentarei alcançarem a utilidade de esclarecer espíritos preocupados, auxiliando-os a se posicionarem melhor em nossos conturbados tempos, agradecerei a assistência oculta que me terá sido prestada pelo Mundo Espiritual. Há algumas décadas, temos vivido prisioneiros — sem que, muitas vezes, disto tenhamos consciência — de fontes de distorção da completa e ampla imagem da nossa sociedade, como o são, digamos de passagem para aprofundarmos isto mais adiante, os meios de comunicação de massas (especialmente TVs, rádios e jornais impressos).

Em minha longa busca de elementos confiáveis de reflexão sobre o tema em foco, visitei historiadores, filósofos sociais, sociólogos, paleontólogos, arqueólogos, médicos e outros profissionais. Mas, acima de tudo, temos mantido contato com as inspirações espirituais que não nos têm faltado nunca. E a razão pela qual também pesquisamos bastante é a responsabilidade que assumimos de estudar a fim de não reduzirmos a bela Doutrina Espírita que abraçamos a um igrejismo de palavras adocicadas apenas. Assumimos também, sem preguiça mental, os aspectos filosóficos e científicos que possam subsidiar e enriquecer nosso pensamento espírita.

Vamos juntos pelo caminho que ora a vida nos oferece. Sejamos companheiros de viagem, pois a palavra companheiro (do latim: *cun pane*) fala-nos dos que dividem o pão que têm, na jornada.

II - AS CRISES NA HISTÓRIA E NA ATUALIDADE

Tenhamos claro que a história humana alterna fluxos e crises. Isto é: há períodos em que a vida flui sem maiores turbulências e, nessas épocas, é como se o ser humano se sentisse *em casa*, mais serenamente à vontade; mas, há períodos críticos em que o viver se torna mais difícil, sentindo-se o homem como que desabrigado e exposto à intempérie. É a alternância de fluxos e crises na trajetória humana.

Os últimos duzentos anos, coincidentes com as fases de industrialização e desenvolvimento da sociedade de consumo, têm configurado período de clara crise que tem feito sofrer muito as sociedades e os seus indivíduos. No entanto, ao refletirmos sobre a evolução humana, especialmente em sua dimensão social, precisamos ter o cuidado de não confundirmos a crise específica de nosso tempo com toda a história do movimento ascensional da humanidade. Às vezes, prisioneiros dos nossos próprios sofrimentos sociais — os quais necessariamente impõem-nos abalos íntimos — avaliamos a totalidade do desenvolvimento humano a partir da crise que estamos atravessando.

Nós, homens e mulheres que vivemos parte do século XX e ora iniciamos o XXI, não inventamos as crises. Estas, sabe-se, sempre existiram ao longo da história. Apenas a fase crítica que estamos vivendo apresenta-se como das mais graves, extensas e profundas de toda a trajetória humana. Primeiramente, por ser uma crise *universal*, envolvendo os cinco continentes e as ilhas habitadas; em segundo lugar, por ser muito *profunda*, como crise de valores fundamentais do viver, bem como no sentido de estender por toda parte um aparente esgarçamento do tecido social. Uma imensa e séria fase crítica, como se vê; mas disto não podemos tirar a apressada conclusão de que esta seja uma crise insuperável ou sem remédio.

Queremos repetir que as crises sempre existiram na história. Em 1923, o egiptólogo Hermann, em obra intitulada *A Literatura do Egito*, traduziu um papiro de mais de 4.000 anos, no qual um escritor egípcio discorria emocionadamente sobre o seu tempo. Da tradução de Hermann extraimos os seguintes trechos:

> *"Os saqueadores estão por toda parte; (...) os campos não são lavrados, e uns dizem aos outros: não sabemos o que acontece a este país. (...) O país gira como um torno de oleiro. (...) Roubam-se detritos dos chiqueiros porque todos têm fome. (...) Arrombam-se as repartições do Estado para roubar os registros dos escrivães. (...) O segredo dos reis é posto a nu. (...) Os que são mais assassinam os que são menos. (...) Oh! que os homens acabassem na terra, nenhuma mulher concebesse e nada nascesse."* (Em Jaspers, *A situação espiritual de nosso tempo*, 19).

Este texto depressivo e cheio de dor retrata uma

realidade de 2.000 anos antes de Cristo como se estivesse pintando nossa realidade atual. Mas é inteiramente demonstrativo de que as crises são ocorrências da história humana, e mesmo das mais remotas épocas. Apenas que, por séculos e milênios, as crises foram mais localizadas (nesta ou naquela parte do mundo), enquanto que hoje elas estão em todo lugar, não havendo muito como fugir dos seus sofrimentos.

Quando olhamos demoradamente para a fase crítica atual, o abalo que este olhar nos causa é por demais intenso e, conseqüentemente, somos levados a pensar em "fim dos tempos" ou a um estado irremediável a que o ser humano chegou. Afinal, a nossa é uma crise feita de muitas crises e isto tende a deixar-nos atônitos e desencantados. Vejamos, ainda que sumariamente, alguns desses aspectos do nosso momento crítico. Melhor que vejamos isto e o exponhamos por itens, com a finalidade de tentar tornar nosso texto mais didático.

1. Crise na compreensão que o homem tem de si mesmo. — Nunca, ao longo da história, teve-se tantos dados sobre o ser humano. São informações médicas, psicológicas, sociológicas, econômicas, demográficas e de muitas outras naturezas que atulham potentes memórias de computadores. Todavia, ao nosso tempo falta uma "espinha dorsal", um sistema unificador de pensamento para encontrar o sentido maior de tantos dados disponíveis. Como observam alguns pensadores, o ser humano segue falando muito sobre aquilo que não tem. Fala muito sobre diálogo, justiça, felicidade e outros temas, exatamente porque o nosso mundo tem sido individualista e incapaz de diálogo intenso; porque ao aceitarmos as desigualdades sociais de modo passivo não alcançamos a justiça; porque fizemos e temos feito uma perigosa troca optando mais pelo prazer materializado do que pela felicidade espiritualizada.

Multiplicam-se cursos e treinamentos para "autoconhecimento", em razão de que boa parte da humanidade está no mundo como sonâmbula — homens e mulheres aos quais faltam consciência de si mesmo e do sentido da relação homem-mundo, sentido que é essencialmente espiritual. Assim se configura a crise na compreensão que o homem tem de si mesmo; assim se delineia seu primeiro desnorteamento.

2. Crise nos projetos de vida dos povos. — Imersos no materialismo que gera as neuroses do lucro e das vantagens materiais, valorizamos desmedidamente o *ter mais* em detrimento do *ser mais*. Todo um processo de massificação desgastou a dignidade das pessoas, a ponto de se dizer que os que se sentem pouco significantes precisam demais de *ter coisas;* ao passo de que uma minoria que se sente suficiente, não necessita ter muita coisa para se sentir basicamente feliz.

De todo modo, em razão da inversão de valores entre o ter e o ser, as vidas humanas vão sendo transformadas em mercadorias e também as pessoas passam a ser vistas como "produtos descartáveis", que são usados utilitariamente e depois lançados fora.

3. Crise na comunhão do ser humano com o seu mundo. — Nosso mundo se encontra justificadamente assustado e amedrontado perante inúmeras agressões ao meio-ambiente, as quais, na verdade, põem em risco a própria sobrevivência da espécie humana, bem como de outras formas vivas, no planeta. Desmatamentos, poluições, estas gerando o denominado "efeito estufa" que vem fazendo aumentar a temperatura do nosso mundo, bem como vem gerando fenômenos climáticos assustadores. Afinal, mais de seis bilhões e duzentos milhões de criaturas humanas habitam essa pequena "nave espacial" chamada Terra que, como é sabido, não tem recursos ilimitados de sobrevida se continuar exposta à agressão.

Durante os dez séculos de Idade Média (séculos V ao XV d.C.), nosso mundo foi visto e tratado como algo sagrado, doado por Deus, e em cujas harmonias biológicas o homem não tinha o direito de intervir. Mas, com o físico Galileu e o experimentalismo científico do século XVI, nosso planeta passou a ser entendido e tratado como matéria neutra a ser manipulada em busca de crescimento científico. Hoje, então, chega-se até a falar no "mito da inteligência humana", tantas são as agressões ao ambiente, filhas de um descaso irresponsável e da neurose dos lucros e vantagens.

Também as devastações ambientais fazem cair a qualidade humana de vida, nisto configurando-se forte crise ecológica. Os ambientalistas, que infelizmente ainda são minoria, empenham-se para que os demais terráqueos adotem uma perspectiva de vida em termos de médio e longo prazo. As coisas mostram-se difíceis nessa luta mas, da década de 1970 para cá, já vamos vendo que tal luta não tem sido travada em vão; contamos com maior conscientização e medidas objetivas de proteção ambiental.

No entanto, ainda estamos distantes da passagem bíblica na qual, falando de Deus, o salmista disse que: "Todo o firmamento anuncia a glória de Suas mãos". Esta reverência ante a natureza ainda não foi retomada pelo nosso tempo. O que não significa que não poderá vir a ser retomada, como adiante pretendemos demonstrar, auxiliados pela espiritualidade. De todo modo, às vezes somos tentados a imaginar-nos embarcados numa viagem autodestrutiva sem volta. A História, porém, tem nos mostrado que nem sempre a vontade de Deus corresponde à lógica dos seres humanos. Não podemos perder isto de vista em nossas avaliações.

4. Crise nas instituições humanas. — Nossas instituições, em sua quase totalidade, nasceram de reais necessidades humanas. Quase todas, entre as fundamentais, cumpriram e cumprem papéis de enorme importância. Algumas, no entanto, desviaram-se de seus autênticos objetivos e hoje se mantêm em situação de crise indiscutível.

Fala-se agora de crise da família, de crise da justiça, das escolas, dos Estados e assim por diante. E não podemos dizer que não seja verdadeiro o que se fala. Sobretudo, vive-se situação muito crítica em muitos países (não só do 3º Mundo) no que diz respeito à falta de ética nas esferas empresarial e política. Temos, assim, a impressão de que estamos em um novo período obscurantista: o obscurantismo contemporâneo, com todos os avanços científicos e tecnológicos.

Relacionamos apenas quatro exemplos de aspectos centrais da crise atual. São, todavia, suficientes para que, ao estudarmos o Livro Terceiro, capítulo VIII de *O Livro dos Espíritos* (que versa sobre a "Lei do Progresso"), muitos se sintam confusos e até desapontados. No mencionado capítulo, os Mentores Espirituais debruçam-se mais sobre as leis de evolução ascensional das individualidades, sendo porém que seus ensinamentos devem ser transpostos para a humanidade como um todo. Vêm, então, as inevitáveis questões que aqui retomamos: "Será que está havendo evolução? Tudo não parece ir de mal a pior? Como compreendermos os níveis de libertinagem e violência em nosso mundo?"

Então repetimos: não podemos julgar a história humana toda com os "óculos" da nossa grande crise. Aparentemente, e mais do que apenas aparentemente, apesar das muitas imperfeições do ser humano em sua história e em nosso tempo, há uma linha ascensional de progresso, a qual só conseguimos enxergar com uma análise menos superficial.

Como temos repetido em outros escritos, nenhum tempo é hora para desistência. Especialmente quando tomamos a sério a dimensão de eternidade da vida humana, as desistências deixam de caber. E o que este pequeno livro pretende é convidar os leitores para uma viagem por mares às vezes encapelados, mas viagem que terá como porto a Esperança.

III - MEIOS DE COMUNICAÇÃO DE MASSAS: HISTÓRIA DE UM CATIVEIRO

Todos os séculos da trajetória humana foram e são feitos de sombras e luzes. Nem só sombras nem só luzes. Isto nos coloca perante dois riscos: ou o de fixarmo-nos mentalmente apenas às sombras e mergulharmos em um pessimismo aniquilador e estéril, ou o de só atentarmos para as luzes, rendendo-nos a um otimismo ingênuo e irrealista que é mais sinal de fuga do que de comunhão com o nosso mundo.

É sempre importante que nos detenhamos sobre a seguinte pergunta: "Que imagem temos do ser humano em nossos dias?" Será ela uma imagem equilibrada, conseguida sem a superficialidade da sofreguidão? Quase sempre estamos sujeitos a uma observação neurotizada que acabe nos intoxicando apenas com negatividades: o reinado exclusivo das sombras em nosso espírito. A tal estamos sujeitos porque, desde o final do século XIX até este início do XXI, foram desenvolvidos meios de comunicação de massas (os *mass media*) muito poderosos que podem manipular as mentes e formar opiniões. Jornais aperfeiçoados, a radiodifusão e principalmente a comunicação televisiva transformaram-se, ao longo do século XX, em meios autoritários de direção do sentir e do pensar, respeitadas exceções que, em tais meios, apresentam resultados da excelência humana.

Quando a mídia divulga que o brócolis é excelente para evitar o câncer nos intestinos, vemos deflagrado um movimento enlouquecido que faz desaparecer dos mercados e quitandas o brócolis, em questão de horas. Programas de TV que focalizam assaltos, latrocínios e outros homicídios e violências, promovem uma neurotização popular que faz a completa alegria das empresas que vendem alarmes, eletrificações de muros e outros sistemas de segurança.

Antes foi a força do rádio, e moços e moças procuravam vestir-se como os artistas de rádio que eram fotografados (e ainda o são) para revistas que exploram o modo de ser e de viver dos "ídolos"; mas atualmente a sociedade se encontra sob os poderes nunca igualados das mensagens comerciais, artísticas e dos tipos televisivos ardilosamente dirigidos por profissionais habilidosos.

Os telejornais, levando a enorme vantagem da imagem semovente, fazem jorrar pelas sensibilidades dos que os assistem uma imensa quantidade de violências sangrentas (as violências vermelhas), ao lado de escândalos provocados pelas violências brancas dos poderosos — corrupções de todo tipo. Aí vamos vendo o que é que "faz notícia". O que gera notícia são as exceções sociais, isto é, o que é feito e vivido por uma minoria da população. Se o leitor iniciar agora um levantamento, que anote, de um lado, o tanto de pessoas que não assaltam, não seqüestram, não matam e nem cometem ilícitos graves; anotando, de outro lado, quantas pessoas conhece ou de que tem notícia, dedicadas aos crimes antes mencionados, ficará feliz ao perceber que, embora estatisticamente o número de ilícitos seja elevado e devamos estar atentos e cuidadosos, há multidões de anônimos que — exatamente por seu modo correto e decente de viver — não fazem notícia. Como se costuma dizer, são anônimos imprescindíveis que, no entanto, passam silenciosos pelas costas dos noticiários.

O filósofo espanhol Miguel de Unamuno, lembrando-nos que mesmo os livros de História narram e informam apenas grandes eventos que cantam loas aos vencedores e, no mais das vezes, silenciam sobre os vencidos (o que é mais uma maneira de aniquilá-los), escreve o seguinte lamento: *"Pena ainda não ter podido ser escrita a história dos homens e mulheres sem história"*. Esses milhões e milhões de seres humanos que trabalham e produzem, que mantêm suas famílias com sacrifício mas decentemente, toda essa gente cheia de coragem que vemos nas estações de subúrbios e nos pontos de ônibus de madrugada, gente que anonimamente e com seu esforço sustenta as ilhotas espetaculosas da História, esses milhões e até bilhões que se mostram imprescindíveis em tantos aspectos — esses não fazem notícia.

A comunicação televisiva, embora não somente ela, apresenta-nos, infelizmente, as exceções sociais. Mas nós, à força de diariamente termos contato impactante com tais exceções, acabamos acreditando que elas são a regra social; isto é: que praticamente todo o meio social está naquela situação, sendo, assim, cada vez mais difícil admitirmos que a evolução ascensional humana, garantida pelo próprio Cristo e pregada pela grande equipe do Espírito de Verdade, esteja de fato acontecendo.

Somos prisioneiros dos meios de comunicação de massas mal dirigidos que, por sua vez, querem manter-nos no "cativeiro do já existente", como se nenhuma perspectiva boa e humanizada pudesse esperar-nos no horizonte para o qual teremos que nos dirigir.

Na realidade, temos que atentar para um momento de grande felicidade do filósofo e escritor Rubem Alves em que este escreve: *"Nós pomos o nosso estetoscópio no ventre do nosso momento histórico, desejosos de ouvir bater o coração de uma criança; e não ouvimos nada. No entanto, cumpre-nos considerar que alguma coisa pode estar errada com o nosso estetoscópio"* (A gestação do futuro).

Quebremos os grilhões desse cativeiro imposto pela mídia perversa. Busquemos uma visão de profundidade, com o auxílio das doutrinas espiritualistas.

IV - SOMBRAS

"Questão 786: *A história nos mostra que muitos povos, após os abalos que os subverteram, recaíram na barbárie. Nesse caso, onde está o progresso?*"
(Resposta dos Espíritos superiores):
"*— Quando tua casa ameaça desmoronar, tu a demoles para construir outra mais sólida e mais cômoda. No entanto, até que seja reconstruída, há transtornos e confusão em tua moradia*" (...).
(***Livro dos Espíritos***, **Editora EME, 2001**).

Já temos dito que, até aqui, toda a trajetória humana compõe um vasto painel de luzes e sombras. Neste capítulo queremos abordar as principais sombras que percorreram o século XX e, agora, vão entrando pelo XXI. Isto é necessário, pois, quanto mais fujamos das sombras, quanto mais evitemos encará-las e conhecê-las, mais elas nos manipularão e nos levarão a sérios desnorteamentos. Juntemos coragem e, pedindo o concurso de Deus e de seus emissários, evitemos perigosas ingenuidades de interpretação do nosso mundo. Para não ficarmos com a mente fixada apenas no que há de sombrio em nosso tempo, precisamos exatamente encarar e conhecer as sombras.

Noutros escritos temos afirmado o que agora queremos repetir, isto é: que o século recém-findo não surgiu do nada; foi, na realidade, esculpido por toda uma evolução histórica, de modo que os homens e mulheres do passado século foram (e muitos de nós ainda somos) herdeiros principalmente da chamada Idade Moderna (séculos XVI a XIX). O século XX foi, ainda mais diretamente, herdeiro do XIX. Esta realidade pede muita atenção nossa, porque alguns historiadores da filosofia têm apelidado o século XIX de "o século dos materialismos"; apenas exemplificando com alguns, citaríamos: o materialismo positivista (de Comte), o materialismo evolucionista (de Darwin, Lamarck e Spencer), o materialismo dialético (de Marx e Engels), o materialismo irracionalista (de

Nietzsche), bem como o materialismo utilitarista (de Bentham), e outros. Na virada do século XIX para o XX, o ser humano ocidental estava em plena arrogância autosuficiente. Laplace declarava Deus uma "hipótese desnecessária" e Auguste Comte dissera estar na hora de levar Deus até à fronteira do mundo humano e dizer-lhe: "Obrigado se você nos ajudou até aqui. De agora em diante não precisaremos mais de você."

Este humanismo arrogante e que, na verdade, já se vinha desumanizando com a mentalidade industrialista, esta coisa que se traduzia numa pletora de materialismos é que haveria de invadir o século XX, manipulando pelo menos toda a sua primeira metade. Certamente a realidade ora descrita ajudar-nos-á a compreender muito melhor o século recém-findo e este princípio do XXI. Todas as guerras (numerosíssimas), desencontros e desamores individualistas, a violência social e tantas outras realidades sombrias do passado século ligam-se, de forma direta, aos equívocos que a Idade Moderna acumulou — principalmente os séculos XVIII e XIX, sem que deixemos de ver também as muitas luzes geradas por esse mesmo período.

Mas, olhemos de frente as sombras pelas quais atravessamos.

Nunca poderemos esquecer o seguinte dado, por sinal muito triste: 73% das mortes por guerra, diretas ou indiretas, dos últimos cinco mil anos aconteceram no século XX. Este é um dado chocante que nos apresenta o pesquisador William Eckhardt, estudioso de civilizações e guerras (*Civilizations, Empires and Wars*, obra que lamentavelmente não temos traduzida para o português).

A Primeira Guerra Mundial (1914-1918) deu-se com extrema crueldade, pois as batalhas ainda eram travadas corpo a corpo e de baionetas caladas, contando-se pela primeira vez com aviões como armas de guerra, já a despejarem bombas sobre tropas, vilarejos e cidades. E quando se viu que a nação alemã perdia fragorosamente a guerra mas não ousava render-se temendo humilhações políticas, anexações territoriais, cobrança de imensas indenizações etc., as nações adversárias da alemã apresentaram a esta última um documento de 14 pontos, fazendo-lhe promessas tão protetoras que, enfim, deu-se o armistício. Foi assinado o Tratado de Versalhes (1918) que pôs fim à Primeira Grande Guerra. Tratado inteiramente descumprido; uma chocante peça de mentira, cinismo e traição da confiança dos alemães. Daí até entendermos melhor a sanha vingativa com que os alemães entraram na Segunda Guerra Mundial. O mais triste, porém, é que o Tratado de Versalhes como que instituiu o cinismo quase como norma da política internacional, vindo a influenciar até câmaras de vereadores de cidades interioranas.

Seguiu-se um período vacilante e depressivo (para os espíritos e para as economias), o qual hoje denominamos "período de entre-guerras"; época de difícil enfermidade social e histórica que viu nascerem *o nazismo* como novo mito da raça pura (ariana) e *o fascismo* como mito do Estado todo-poderoso. O mundo mostrava-se inquieto, pressentindo algo terrível aproximar-se, mas sem saber identificar a ameaça que pairava no ar.

Logo se iniciaria a Segunda Grande Guerra (1939-1945), de forma ainda mais violenta, vingativa e cruel, ocasião em que o mundo assistiu perplexo à coisa mais doente do século XX: o Grande Holocausto, que exterminou milhões e milhões de judeus, ciganos, homossexuais e prostitutas, preparando-se mesmo o genocídio africano — não havendo tempo para que este último fosse realizado.

Evolução humana e fatos históricos 33

Devemos repetir à exaustão que Auschwitz, Dachau, Treblinka e outros campos de extermínio não são acidentes históricos mas frutos do materialismo moderno, bem como depois tantas ditaduras e mesmo os Gulags soviéticos. Mas, o Grande Holocausto, pela riqueza de detalhes com que foi conhecido, seguirá sendo o símbolo de um dos momentos mais sombrios do século XX.

De nada vale evitarmos essas sombras. Quanto menos as conhecermos menos haveremos de aprender com elas, e precisamos de muita aprendizagem e consciência para a construção de um mundo espiritualmente mais elevado. Na humanidade há os que aprendem rapidamente; há os que aprendem muito vagarosamente e há os que resistem a aprender por não se acharem ainda em condições de se transformar. Nós, ultimamente, constatamos isto na antiga Iugoslávia, no Oriente Médio, no Cambodja e em outras partes. Os ritmos evolutivos são desiguais, mas afortunadamente contamos com legiões dos que querem aprender e se dispõem a contribuir para que alcancemos um mundo menos violento e mais amigo. Os céticos? Bem, esses estão no seu momento evolutivo. Precisamos compreendê-los sem ligar para o seu niilismo.

Do final da Segunda Grande Guerra para a frente veríamos desenvolver-se cada vez mais o pensamento arraigadamente materialista da sociedade de consumo com todo o seu individualismo e sua terrível competitividade, configurando uma situação — sobretudo no Ocidente — em que as coisas valem cada vez mais e as pessoas cada vez menos. Na década de 1960 ainda houve uma tentativa de resistência saudável chamada de "movimento solidarista" ou simplesmente "solidarismo". Mas a onda individualista e de competição do consumismo parecia inundar, irrefreavelmente, tudo — como nos dias de hoje ainda parece. Esta última é das maiores sombras da última metade do século XX; assim, não temos como ignorá-la ou fingir que ela até hoje não prejudica a qualidade da vida social.

A realidade mais sombria cresce e se estabelece nos anos de 1970, com o hoje muito conhecido nome de "crime organizado". Especialistas calculam atualmente o que chamam Produto Criminal Bruto (PCB) em cerca de 800 bilhões de dólares por ano, sendo que o tráfico de drogas estupefacientes contribui com a metade: cerca de 400 bilhões de dólares por ano. Assim, a máfia que nasceu única na Sicília, hoje se multiplicou e o mundo conta com

19 organizações mafiosas, sendo das mais poderosas a "Cosa Nostra" que domina os Estados Unidos e outros países americanos. Jean de Maillard, jurista e sociólogo francês, estudou exaustivamente o crime organizado em livro que escreveu com outros pesquisadores, intitulado *Um mundo sem lei* (*Un monde sans loi*, Paris, Editora Stock).

Há, no mundo, 113 paraísos bancários e fiscais que promovem a movimentação e a lavagem do dinheiro sujo do crime organizado. Uma vez lavado tal dinheiro é integrado à economia oficial, tornando cada vez mais difícil (senão impossível) separarmos, precisamente, dinheiro criminoso do dinheiro limpo. Certamente que, dos últimos 30 anos do século XX essa é a realidade mais sombria e difícil. Daí ser compreensível, como dissemos, a perplexidade e o desencanto de muitos membros da sociedade atual com relação ao progresso do ser humano no qual, de todo modo, cremos.

Principalmente após a guerra do Vietnã, as drogas estupefacientes tornaram-se onipresentes, atormentando as famílias, as escolas, os locais de trabalho etc. Isto, dentre outras razões, tem sido elemento acelerador de certo processo de desestruturação das famílias — das realidades mais preocupantes de hoje em dia, ameaçando a integridade do tecido social. Como começamos a ver anteriormente, os meios de comunicação de massas têm também contribuído grandemente para a desestruturação familiar, de vez que têm espalhado a permissividade moral e têm introduzido, ou ao menos têm ajudado a introduzir, nas relações interpessoais o conceito de "produto descartável".

Todas as idéias apresentadas no presente capítulo são realidades sombrias que marcaram negativamente o século recém-findo e demonstram adentrar o século que se inicia. Queremos repetir ser necessário tocarmos nessas feridas, esquadrinhar essas sombras, para que cheguemos a ancoradouros de esperança não criados por desejos ingênuos nossos. Ao final desta caminhada certamente teremos nossos pés sujos de lama, mas queremos ver brilhar nos horizontes do mundo a luz do Divino Mestre, o qual, há dois mil anos, *garantiu-nos* que as trevas do mal não prevaleceriam contra a luz do bem.

Como reflexão sobre o século XX este (o apresentado neste capítulo) é apenas um lado da moeda. Coisas muito luminosas e de transcendental importância também foram acontecendo e marcando a centúria passada. Então, aproxima-se um belo momento de nossa análise no qual vamos debruçar-nos sobre as luzes do século XX, pois, como o frisamos de início, a trajetória humana é um vasto e impressionante painel composto por luzes e sombras. A alguns, as sombras impressionarão mais, talvez por ser a sua fé um tanto mais vacilante; a outros, as luzes fascinarão e encherão de esperança, provavelmente porque sua fé seja mais incisiva ou porque a sua capacidade de sonhar um mundo melhor esteja mais preservada. Não nos percamos em julgamentos. Sigamos as iluminações que o Mundo Maior oferece para o nosso caminhar.

V - LUZES

"Lâmpada para os meus pés é a Tua palavra, e luz para o meu caminho"
(Salmo 119:105, de David, poeta maior de Israel).

"Mas quem pratica a verdade vem para a luz, a fim de que as suas obras sejam manifestas, porque são feitas em Deus"
(João 3:21).

Vimos de assinalar alguns dos aspectos mais sombrios do século há pouco terminado; no entanto, ali deixamos de mencionar os tristes episódios das bombas atômicas lançadas sobre Nagazaki e Hiroshima em 1945 — momento do mais profundo abalo para as almas sensíveis em toda a humanidade. De qualquer modo, as assinalações que fizemos no capítulo precedente exigem que mostremos também as muitas e importantes luzes do século XX.

Principalmente devemos lembrar que as trevas não têm existência própria e autônoma. Elas são incapazes de aniquilar as luzes, ou sequer de enfraquecê-las; a escuridão significa apenas "áreas" ou "regiões" ainda não atingidas pela luz, pois esta última sim, pode expulsar as sombras. As luzes têm existência própria e autônoma, de vez que sempre resultam de fontes energéticas cósmicas ou cósmico-humanas.

Através de numerosos e grandes sofrimentos pessoais e coletivos, oxalá tenhamos aprendido tudo que uma época assim difícil pôde ensinar-nos, de modo que, aceitando-nos como seres espirituais imortais, passemos a planejar nosso futuro e o de nossa descendência à luz de tão duro aprendizado. Abrindo-nos à visão das luminosidades do século agora findo iremos, com muito esforço e tenacidade, superando o individualismo crasso da sociedade do lucro e reconciliando-nos com os ideais de solidariedade humana. A principal missão de todos nós, neste século XXI, será a de servirmos aos nossos semelhantes. É certo que nada disto será fácil e, homens e mulheres de boa vontade, agora estão sendo conclamados a auxiliar a vitória das luzes para a edificação de um mundo mais amigo do que aquele que nos tem sido dado a conhecer. Os desanimados, os fracos e os céticos assentar-se-ão à beira do caminho e ficarão apreciando os bem dispostos e bem intencionados irem em direção do futuro; e isto durará apenas até o dia em que essas figuras amarguradas e descrentes percebam ser muito melhor viver lutando e de pé, para não ter que "morrer" ajoelhadas.

Agora, temos necessidade de igualmente assinalar as luzes que compuseram o quadro de luzes e sombras do século XX, para que vejamos, concretamente, que não nos foi dado viver um tempo tão somente de negatividades — e para que o vejamos de um modo que pode ser conferido nos livros de história contemporânea. Às vezes condicionados, como já dissemos, pelos meios de comunicação de massas (mídia), outras vezes seguindo um pendor da própria fraqueza humana para ater-nos mais ao que é sombrio e negativo, terminamos por examinar de forma incompleta e equivocada os tempos atuais.

A "Terceira Revelação" que os mentores espirituais trouxeram-nos através de Allan Kardec no século XIX viu-se, em termos macrossociais, quase que tornada inaudível pelos estrepitosos movimentos materialistas do século XIX. Mas, o Mundo espiritual não tem pressa e sempre mostra grande paciência ante as crises de adolescência da humanidade, ante as rebeldias coletivas do desenvolvimento histórico. Espíritos encarnados evolutivamente preparados para os ensinamentos da "Terceira Revelação", adentraram o século XX inteiramente fiéis ao que tinham aprendido, com a razão e com o coração; tais foram os casos, por exemplo, do filósofo Léon Denis, do escritor de veia científica Gabriel Delanne, do astrônomo Camile Flammarion ou do educador Eurípedes Barsanulfo — isto para ficarmos em poucos nomes vindos do século XIX e, por assim dizer, sendo inauguradores do XX. Mas, constatemos com realismo humilde, a maior parte da humanidade deixou-se envolver pelas seduções de um mundo materialista e, o que é pior, de um materialismo arrogante cujas conseqüências até hoje o nosso mundo colhe. Então, objetivando nosso texto em itens, examinemos de boamente as luzes do século recém-findo que, para nossa alegria, não são poucas. Seria naturalmente impossível termos a pretensão de examinar tudo neste pequeno livro; assim, voltaremos nosso olhar para momentos essenciais da centúria passada.

1. A revolução científica contemporânea. — Em 1900, exato último ano do século XIX, o físico alemão Max Planck deu a conhecer suas primeiras descobertas relativas à Mecânica Quântica. Nem o próprio Planck talvez pudesse supor que estava dando início a uma das maiores revoluções científicas de toda a história da humanidade. Seus estudos, além de darem novo entusiasmo à física teórica, remeteram os mais brilhantes físicos experimentais ao estudo das chamadas *partículas subatômicas*, em busca de conhecerem o âmago da matéria.

Ocorre que, quanto mais fundo se mergulhou no âmago da matéria, menos encontrou-se a "matéria-coisa", tal como vinha sendo concebida até o século XIX. O que mais e mais se constatou é que aquilo que chamávamos de matéria-coisa era energia presa em movimento circular (o átomo e as partículas subatômicas), e o que chamávamos de energia era a energia liberada. Isto é: todo o universo é um colchão energético, e nós, seres humanos, fazemos parte da realidade energética cósmica. Por incrível que pareça, a mesa sobre a qual neste momento eu escrevo não é uma coisa compacta, mas um concentrado energético. Então, era preciso rever toda a visão cósmica, alternando-se necessariamente a filosofia e a ciência; então era preciso voltar-se a uma concepção metafísica de universo e de ser humano, o que quer dizer que a mística cósmica começava a retomar o lugar num mundo ocupado pelos materialismos vigentes ao estilo do século XIX.

Tudo se modificava com a revolução científica contemporânea. O astrofísico inglês Sir James Jeans disse, noutras palavras, que o universo, ao contrário de ser uma massa desinteligente de matéria em expansão, era um pensamento inteligente em expansão; e que um pensamento inteligente de tal magnitude e precisão, só poderia vir de um Ser Supremamente Inteligente. O físico Albert Einstein (talvez das maiores figuras de toda a história científica) disse, ao mesmo tempo brincando e falando a sério, que no século XX o materialismo morreu de inanição por falta de matéria. É claro que Einstein se referia à matéria-coisa, de vez que a distinção entre energia espiritual e energia material só é marcante em nosso plano pesado e denso, sendo que necessariamente em planos bem mais elevados espiritualmente, as coisas se unificam em torno do conceito de *energia divina*.

A grande luz nova científica iniciada pela física teórica, hoje abrange quase toda a realidade científica (psicologia, biologia, medicina holística, ecologia, economia e outros muitos campos científicos). É compreensível que as mentalidades positivistas resistam à grande visão nova. Mas ninguém pode apagar da história que o fisiologista Charles Richet (duas vezes Prêmio Nobel), que o filósofo Henri Bergson (também Prêmio Nobel), que os físicos Werner Heisenberg e Niels Bohr (igualmente prêmios Nobel), como Albert Einstein (dos prêmios Nobel mais celebrados), Paul Durac, o Cônego Lamaître e o grande cientista e pensador Teilhard de Chardin — todas essas celebridades que por si foram luzes para o século XX, trouxeram de volta ao mundo a valorização da espiritualidade e do sagrado.

A revolução científica contemporânea prossegue até os nossos dias, adentra o século XXI, e ainda realizará muito por importantes renovações espirituais na visão do mundo e do ser humano. Por certo temos ainda muito a explanar sobre a revolução em apreço, mas não devemos ficar apenas neste item. Prossigamos, na diversidade de luzes do século passado.

2. Presença, pensamento e missionariado de Albert Schweitzer — O século há pouco terminado não foi pobre em grandes personalidades em todos os campos, mas principalmente no da espiritualidade. Nele viveram Madre Tereza de Calcutá, Irmã Dulce da Bahia, Francisco Cândido Xavier (que felizmente até este momento ainda vive) de Minas Gerais, Helen Keller e Ane Sullivan (USA); muitos outros nomes devem ser citados, mas, neste passo, queremos destacar a enorme presença que teve o teólogo, médico e missionário alsaciano Albert Schweitzer. Como toda figura que realmente importa, foi também transformado em figura polêmica. Porém, ninguém discute que Schweitzer tenha sido dos homens mais sensíveis e inteligentes, também das figuras humanas mais generosas e solidárias, a ponto de ter doado 51 anos de sua longa existência à população negra das selvas da África Equatorial Francesa (Lambaréne).

Por volta dos 38 anos de idade era já uma celebridade, fosse por seus primeiros livros ou fosse pelo fato de ter sido considerado o maior intérprete de J.S. Bach, bem como sido citado como um dos maiores organistas do mundo. Inteligência múltipla, tornou-se engenheiro de construção e reforma de órgãos de tubo — instrumentos que veiculavam a música sacra nas mais famosas catedrais européias. Um espírito missionário, como facilmente se pode ver.

Formado em Medicina Tropical, abandonou todas as glórias humanas da celebridade, indo com sua esposa para a África para tratar principalmente a hanseníase e a doença do sono, agora em missionariado concretamente assumido entre nossos irmãos africanos. Quando faleceu, na década de 60, deixou: a) um complexo hospitalar em Lambarène (o Hospital Schweitzer); b) uma respeitável obra filosófica; c) uma igualmente importante obra teológica e vasta literatura de memórias e de análise da África; d) mas sobretudo, legou ao mundo uma das mais belas lições de amor ao semelhante, reconhecida por muitos prêmios internacionais — que culminaram com o Prêmio Nobel da Paz.

Especialmente nas décadas de 1950 e 1960, todo o mundo voltou o seu olhar maravilhado para o "Doutor Branco", que dizia aos pacientes que lhe agradeciam beijando suas mãos: "Não se ocupem tanto de beijar as minhas mãos; beijem sempre, em suas mentes, as mãos daquele que me enviou para a vida e para a África: o Mestre Jesus".

Filósofo de estilo vigoroso, já em 1917 fazia um exame duro do mundo contemporâneo e do próprio papel da Filosofia escrevendo, em seu livro *Decadência e Regeneração da Cultura*:

> *"Como escravo; como tipo dispersivo; como ser incompleto; como um náufrago da desumanização da vida; como um vencido que abdicou de sua independência e de seu senso moral, submetendo-se às menores imposições da sociedade; como um ente que em todo sentido experimentou restrições em seus propósitos de cultura, assim iniciou o homem de hoje a sua tenebrosa marcha nesta era tenebrosa. E a filosofia não teve olhos para ver a situação periclitante em que ele se achava: não se moveu, não fez tentativa alguma para ajudá-lo. Nem sequer procurou detê-lo para despertar a sua atenção para o que estava acontecendo"* (pp. 45-46).

Schweitzer estuda os descaminhos do homem contemporâneo mas aponta a este, de forma sábia e precisa, os caminhos para redimir-se e voltar a contribuir para a evolução humana. Considera a ética cristã, em primeiro plano, ou a ética tão somente, em plano complementar, como o elemento central de redenção de um mundo decaído e desnorteado. Mas, o que é mais importante, sua vida — embora com pequenos equívocos de trajetória reconhecidos por ele mesmo — foi um postulado de ética cristã, tal qual um dia tanto desejou para a humanidade Allan Kardec, como vemos no *Evangelho Segundo o Espiritismo* que se volta inteiro para a moral cristã, com o concurso dos Mentores Espirituais.

Para Albert Schweitzer, ciência e mística, ciência e religiosidade não são incompatíveis ou antagônicas, mas complementares em um mundo que não seja, ao mesmo tempo, de gigantes científico-tecnológicos e de pigmeus morais. Esta luz, que brilhou intensamente no século XX e segue brilhando no XXI, nada a pode apagar. É injusto esquecê-la ou desconsiderá-la.

3. O luminoso ano de 1927. — Antes ainda de 1927,

brilhara a luz de Henri Bergson, cuja luta espiritualista na filosofia deslumbrara o mundo. Mas a luz do espírito divino se intensifica em 1927, que foi quando o cientista e pensador Teilhard de Chardin começou a publicar suas teorias cristãs da evolução humana; foi quando o astrofísico Cônego Lemaître demonstrou a expansão do universo. Foi o ano do Congresso de Copenhague, no qual brilhou a competência científica de figuras como Nils Bohr e Werner Heisenberg dentre outros, sendo que Heisenberg torna a mais avançada ciência mais místico-religiosa do que as próprias religiões estabelecidas.

É pena que, no caminhar desatento do século XX, enquanto essas luzes fulgiam, em território europeu cresciam o nazismo e o fascismo — bolsões de enfermidade social que estourariam e redundariam na Segunda Guerra Mundial, desviando e enegrecendo parte importante da trajetória humana em sua evolução. Quanto sofrimento para tantos! Mas o nazismo e o fascismo, como movimentos políticos organizados ruíram, e a luz de 1927 segue iluminando os homens e mulheres de boa vontade.

4. 1934: o surgimento da informática. — O cientista

Norbert Wiener e sua equipe de pesquisadores conseguiu planejar e montar o primeiro computador, imitando eletronicamente o funcionamento do sistema nervoso humano. A olhos vistos, as sociedades humanas se tornavam mais e mais complexas e necessitadas de rápidos cálculos para evitar seu próprio colapso. Pois eis que o nosso Deus, que tudo provê no tempo certo, permite que seu servo Norbert Wiener e sua equipe iniciem a fase que futuramente seria chamada "era da informática".

Um instrumento fantástico era posto nas mãos dos homens e, uma vez mais, os seres humanos poderiam usá-lo para as melhores finalidades ou para cruéis submetimentos humanos. Um novo desafio estava posto ao livre-arbítrio humano. As coisas estão um tanto divididas quanto a benefícios e malefícios do uso da informática; mas o mundo humano atual só não entra em colapso sócio-estrutural graças à computação, graças à informática que o organiza em sua complexidade. A informática é aplicada na área da saúde para diagnósticos refinadíssimos, para socorrer paralíticos como o cientista inglês Stephen Hawking que quase não pode mover mais qualquer parte significativa do seu corpo.

Muita loucura pode-se fazer com a informática, porque muita loucura o ser humano pode fazer com tudo. O próprio Dr. Norbert Wiener, em seu livro *Cibernética e Sociedade*, mostrava temores quanto ao uso da computação; mas dizia que os homens serão responsáveis pelo que fizerem, sendo que, no entanto, o surgimento da informática certamente estava dentre os momentos mais brilhantes da história humana. Mais um momento luminoso do século XX. Como haveremos de negar essa fulgurância da inteligência humana? Ainda vivemos, com a informática, um período meio estonteante de deslumbramento no qual desacertos acontecem; mas há boas esperanças para o futuro, com a graça de Deus.

5. *O advento da ecologia como ciência*. — Foi também nos anos de 1930 que, em território europeu, as preocupações dos ambientalistas viram-se transformadas em importante ciência. Desde então, estudos abalisados explicam o funcionamento da biosfera e dos seus ecossistemas, ficando muito mais possível a constatação e as denúncias das agressões ao meio ambiente. Esta ciência começou apenas como ecologia biosférica de ecossistemas;

no entanto, décadas após, desdobrou-se em ecologia social, a qual estuda as relações inter-humanas e estimula trabalhos de despoluição nas relações intergrupais, inter-regionais e mesmo internacionais; também desdobrando-se, mais recentemente, em ecologia da mente — esta dedicando-se à psicosfera, tão sobrecarregada de toneladas de lixo mental resultantes dos desconcertos e irresponsabilidades da sociedade de consumo, veiculados pela *mídia*.

Na década de 1970, idealistas da ecologia (os propriamente ecologistas ativos) atiravam-se contra navios, deitavam-se em trilhos de estradas de ferro, bloqueavam a trajetória de carretas condutoras de coisas prejudiciais ao meio ambiente; faziam isto e eram considerados um bando de doidinhos visionários que nada conseguiriam. No entanto, os temas ecológicos estão hoje nas pautas de discussões dos mais importantes mandatários do mundo, ainda que alguns destes procurem fazer como a avestruz que esconde a cabeça na areia para não ver a tempestade que se aproxima. É, assim, a constituição da ecologia como ciência, mais luz que nos chega do século XX.

6. A Declaração dos Direitos Humanos de 1948. —

Três anos após o fim da Segunda Grande Guerra, a Organização das Nações Unidas (ONU) apresentava ao mundo importantíssimo documento assinado por 58 nações, intitulado "Declaração Universal dos Direitos do Homem". Tal documento, por muito tempo visto pelos céticos como sonhador e romântico, já gerou dezenas de outros documentos e compromissos internacionais, os quais têm melhorado as relações entre os países e têm influenciado muitíssimo um grande número de Cartas Constitucionais mais novas (da década de 1970 para cá).

Fossem quais fossem os intentos dos delegados da ONU, o fato é que a mão de Deus os guiou no momento histórico em que discutiram e redigiram a "Declaração Universal dos Direitos do Homem de 1948". O que não se pode é ser imediatista a ponto de se zombar dos resultados da referida Declaração apenas porque os seus efeitos ainda não chegaram a todos os aspectos de nossa vida cotidiana. É necessário compreendermos que os ritmos da história nem sempre obedecem à sofreguidão da nossa pressa ou às exigências do nosso pragmatismo imediatista. A Declaração da ONU mostra-se um dos momentos de mais intensa luz no século há pouco terminado; e, é claro, o século atual seguirá beneficiando-se de tal luz.

7. Os avanços na medicina e na farmacologia. — A medicina tem evoluído muito, principalmente nos campos de diagnósticos e cirurgias. As anestesias, os antibióticos, os transplantes e as correções de órgãos — entre outras realizações — marcam uma era nova nos tratamentos de saúde. E o século XX logrou aumentar em vários anos a expectativa humana de vida, principalmente com os chamados acompanhamentos geriátricos. A *fitoterapia* (tratamento com substâncias vegetais) tem reconquistado espaço; a *bioquímica* permite avanços em medicamentos alopáticos; a *homeopatia* se reorganiza e atua firmemente — tudo isto cuidando melhor da saúde humana, apesar das muitas poluições que vão agredindo os organismos. Como ficarmos presos à idéia de que o século XX teve apenas sombras?

8. Outros avanços evolutivos. — Retomados os estudos de genética, deixados de lado por quase 90 anos, em 1952 surge a chamada Biologia Molecular. Um ano depois (1953), J. Watson e F. Crick descobrem a estrutura bioquímica do DNA. Vinte anos adiante (1973), Stephen Cohen e sua equipe de pesquisadores chega à "junção de genes", que é o princípio da "clonagem".

O mundo científico se assusta. Afinal o ser humano podia mexer na constituição fundamental da vida e, certamente, daí derivariam inúmeros problemas éticos, filhos da imaturidade moral dos tempos atuais. Porém, sem nenhuma dúvida, novas e importantes perspectivas eram oferecidas ao conhecimento e ao tratamento (bem como à prevenção) de muitas enfermidades e más formações. Neste momento, a humanidade mostra um "sorriso amarelo", de vez que está atônita no exato meio entre a comemoração de grandes triunfos da inteligência humana e os medos e, mesmo, pavores do que os irresponsáveis podem aprontar com essas possibilidades. Esquecemo-nos muitas vezes de que há um Deus que é maior que tudo isto e que haverá de conduzir atentamente os seus filhos. Se seus filhos tiverem que aprender pela dor, cometerão desatinos segundo o seu livre-arbítrio; mas, sem dúvida, haverá um limite imposto pelo Criador de tudo e de todos.

Talvez os seres humanos nunca tenham sido postos à prova como nos dias atuais. Cabe-lhes amadurecer para a gravidade do momento, tanto quanto cabe-lhes reconhecer a grande luz científica que estas descobertas podem ser.

9. Segunda metade do século XX: a revanche do sagrado. — A centúria ora em exame, que se iniciou sob o jugo dos materialismos vindos desde principalmente a Revolução Francesa, começa a evidenciar transformações sobretudo nos anos 1960. Os conflitos armados mostravam os problemas do materialismo na política, a sociedade de consumo começava a sufocar valores humanos espirituais e a história de uma evolução materialista evidenciava a falência do antigo e arrogante modelo — tão antigo, arrogante e falho quanto o modelo de educação outrora fundamentado nos dogmatismos proselitistas das religiões tradicionais.

Algo de essencial mudava na atmosfera humana. O sociólogo Peter L. Berger publicou um intrigante livro (nos anos de 1960) intitulado *Um rumor de anjos*, no qual demonstrava, nos horizontes da segunda metade do século XX, o sagrado e a religiosidade de volta. O que se repetiria com o filósofo Leczek Kolakowski, em seu ensaio intitulado "A revanche do sagrado na cultura profana", este, mesmo como agnóstico senão ateu, argumentando também quanto à evidente e forte volta do sagrado.

O fato é que, um tal movimento descreve a trajetória de um pêndulo que, quando libertado das orgias materialistas do século XIX, vai a outro extremo problemático que aqui vamos chamar de as orgias místicas do século XX. Orientalismos, esoterismos e ocultismos mesclam-se com vetustas tradições judaico-cristãs, resultando numa mística de pouca coerência e estruturação. Isto seria assim mesmo. A grande coisa é que a própria revolução científica contemporânea trazia, pelas mãos dos mais eminentes cientistas, de volta a revalorização do sagrado e da espiritualidade. A confusão inicial perde sua importância quando examinamos as perspectivas de uma nova espiritualidade aberta, pelo movimento em foco, para o século que ora estamos iniciando.

No Brasil constatamos a florescência de alguns importantes espiritualismos. Vindo originariamente da França, o Espiritismo aqui se transforma em um dos maiores fenômenos filosófico-religiosos; aquele Espiritismo que, de certo modo, é hoje na França, na Inglaterra e noutros países, quase que apenas uma atividade experimental, no Brasil é

Espiritismo Cristão — tanto pelo primeiro impulso do próprio Kardec (especialmente com *O Evangelho segundo o Espiritismo*), quanto pela cruzada feita por Bezerra de Menezes e seus correligionários, e mais ainda pela imensa influência do trabalho mediúnico incessante de um Francisco Cândido Xavier. E as novas gerações estão com aguçada sensibilidade para os temas relativos às questões espirituais; o que difere da nossa geração, quando fazíamos estudos superiores no início dos anos de 1960, ainda acentuadamente sob as pressões materialistas que tipificaram os meios acadêmicos na primeira metade do século XX.

O escritor e político francês André Malraux já sentia algo se transformando na segunda metade do século em foco. Posteriormente, figuras como Fritjof Capra, Marilin Ferguson, Eva Pierrakos, Pierre Weil e, mais recentemente, Jean-Yves Leloup — entre outras tantas — vêem um ponto de mutação a partir do qual novas potencialidades espirituais se movimentam, por assim dizer, no subsolo do nosso tempo.

Evidentemente, todas essas que vimos mencionando são luzes do século recém-terminado que jamais poderão ser neutralizadas; luzes que certamente haverão de derramar-se pelo século XXI e que se imporão a todas as sombras anteriormente examinadas. É quase paradoxal, bem o sabemos, que numa hora desesperada e desesperançada como a atual, despontem no horizonte humano novas cores de esperança. Não é hora, porém, de pararmos, desistidos, à beira do caminho.

VI - EVOLUÇÃO: APONTAMENTOS CIENTÍFICOS E FILOSÓFICOS

O notável pensador e psicólogo norteamericano Ken Wilber, em obra que, ao que saiba, ainda não temos traduzida no Brasil (*Sexo, ecología y espiritualidad - el alma de la evolución*), introduz-nos ao seu grande tema com um texto muito impressionante, o qual aqui reproduziremos. Escreveu o pensador, em belo momento de reflexão:

"Este é um mundo estranho. Ao que parece, há uns quinze bilhões de anos não existia, com precisão, nada em

absoluto. E então, em menos de um átimo de segundo, o **universo material irrompeu na existência.**

Mais estranho ainda é que a matéria física produzida não resultou ser meramente uma desordem aleatória e caótica, senão que se organizou de formas cada vez mais intrincadas e complexas, tão complexas que muitos milhões de anos depois algumas delas encontraram a forma de reproduzir-se e, assim, da matéria emergiu **a vida.**

Ainda mais estranho: estas formas de vida não se contentaram aparentemente em reproduzir-se, mas começaram uma longa evolução que finalmente lhes permitiria **representar-se**, *criar signos, símbolos e conceitos, e assim da vida surgiu* **a mente.**

Este processo evolutivo, de todo modo, parece haver sido impulsionado incrivelmente desde a matéria bruta até à vida e à mente.

Mas o que é ainda muito mais estranho é que faz uns poucos centos de anos, em um pequeno e indiferente planeta de uma estrela insignificante, **a evolução tornou-se consciente de si mesma.**

E justo ao mesmo tempo, os mesmos mecanismos que haviam permitido que a evolução se fizesse consciente

*de si mesma, estavam maquinando sua própria destruição.
E isto era o mais estranho de tudo."*

Em poucas linhas, mas de forma magnífica, o escritor faz-nos caminhar pelo vasto processo evolutivo em estado de perplexidade, levando-nos da primeira irrupção cósmica às desditas ecológicas de hoje em dia. O texto de Ken Wilber dá, por assim dizer, o tom deste capítulo no qual vamos debruçar-nos sobre importantes interpretações contemporâneas da evolução — e especialmente da evolução humana — oferecidas pela ciência e pela filosofia. Isto buscaremos fazer de modo descomplicado, para que a assimilação seja espontânea e mesmo prazerosa.

Para tanto cercamo-nos de belíssimas figuras do pensamento contemporâneo, pessoas cujas inteligências e sensibilidades são claramente iluminadas por Deus, como Pierre Teilhard de Chardin, Frei Betto (excelente intérprete de Teilhard), Gabriel Delanne e Jorge Andréa. Na verdade, o que neste passo procuraremos é dar uma idéia da felicidade que experimentamos no convívio das idéias dos citados autores, às vezes apresentando uma ou outra reflexão própria.

Evolução humana e fatos históricos 63

Percorrer as páginas do livro *O Fenômeno Humano*, de Teilhard de Chardin, não é apenas uma leitura: é uma experiência de vida, das mais inesquecíveis. No entanto, o citado livro é somente a sua obra-prima, de vez que o conjunto de sua produção inclui outras maravilhas, todas estas feitas de sintonia espiritual com o universo e — acima de tudo — com Deus. A Companhia de Jesus, à qual estava vinculado Teilhard como sacerdote, impôs silêncio ao pensador com seu evolucionismo cristão, a ponto de o mundo só vir a conhecer em plenitude a sua obra após o seu falecimento. Felizmente suas idéias, ainda que de forma parcial, vinham já fecundando o século XX desde o seu início.

Não podemos, aqui, perdermo-nos pelas vastas extensões continentais do pensamento de Teilhard de Chardin. Fiel aos propósitos deste pequeno livro e contando com o auxílio do excelente intérprete de Teilhard, nosso Frei Betto, buscaremos um modo mais simples e sintetizante para compreendermos o tema da evolução no pensamento científico, filosófico e teológico de Teilhard.

Teilhard de Chardin oferece-nos uma seqüência exposta, em minúcias, em *O Fenômeno Humano* e estudada mais didaticamente por Frei Betto, no livro *Sinfonia Universal* (Ed. Ática). Trata-se de uma seqüência à qual temos que dar toda atenção, principalmente nas peculiaridades que tem quando Teilhard examina o estupendo momento de surgimento da consciência humana reflexiva no universo. Sigamos, pois, o seqüenciamento que o pensador nos propõe. Todo o processo de formação cósmica interessou a Teilhard, mas, como veremos, suas atenções se voltaram mais para a formação do nosso planeta e para os desdobramentos dela. Assim, a seqüência que passaremos a apresentar é a que focaliza o planeta Terra.

Primeiro foi a *cosmogênese*, isto é, a formação mineral do planeta como matéria inanimada. É todo o tempo necessário para fazer-se a "litosfera" (de *lithos*, no grego: pedra). Mas, como na concepção de Teilhard de Chardin, o mundo deve ser visto como dotado de "alma", nesse período da cosmogênese Chardin nos fala em algo como uma *pré-consciência mineral* que sempre pulsou silenciosamente no âmago da litosfera.

Passado longuíssimo tempo e estando pronto o planeta em sua constituição mineral inanimada, deu-se então o momento da *biogênese*: a manifestação da vida, primeiro

Evolução humana e fatos históricos

como vida vegetal primitiva. A partir dessas manifestações primitivas, foram-se dando os aperfeiçoamentos sensitivos das plantas, de modo que, seguindo longa e criteriosa escala evolutiva, puderam surgir os primeiros animais dotados apenas de gânglios cerebróides ou cérebro elementar sem córtex, como no caso das aranhas, crustáceos e peixes, por exemplo. Estes animais primitivos, no entender de Teilhard de Chardin, eram dotados de uma "zooconsciência intuitiva". Porém, no prosseguimento dos avanços evolutivos, puderam surgir animais agora dotados propriamente de sistema nervoso, como os mamíferos e as aves, estes então apresentando aquilo que Teilhard denominou uma "zooconsciência superior".

O ritmo evolutivo assim vai, as formas e espécies animais modificam-se e se aperfeiçoam, até que pudessem surgir irracionais capazes da mais perfeita consciência animal. Estes evoluem para um elemento transitivo que deveríamos chamar *antropóide*.

Quando se dá o surgimento da *reflexão*, não acontece apenas uma elevação de grau, mas uma mudança para uma nova natureza na evolução. Como diz o próprio Teilhard de Chardin em *O Fenômeno Humano*: "... *não mais apenas conhecer, mas conhecer-se; não mais apenas saber, mas saber que se sabe".* (...) *"O ser reflexivo, precisamente em virtude de sua inflexão sobre si mesmo, torna-se de repente suscetível de se desenvolver **numa esfera nova**. Na realidade, é um outro mundo que nasce. Abstração, lógica, opções e invenções ponderadas, matemáticas, arte, percepção calculada do espaço e da duração, ansiedades e sonhos do amor... Todas essas atividades da **vida interior** nada mais são que a efervescência do centro recém-formado explodindo sobre si mesmo"* (p. 186).

Eis que, com isto se inicia a mais formidável aventura cósmica, de vez que para existir consciência reflexiva é necessária a existência de livre-arbítrio; em grande medida, então, a espécie humana passa a ser responsável por sua evolução histórico-social. E não deve nos causar espanto que, ao mesmo tempo que tantos se empenhem em contribuir para uma evolução positiva e saudável, outros tantos se dediquem à tarefa de atrapalhar e fazer estagnar o progresso histórico-social. Também as crises, às vezes prolongadas como a que estamos enfrentando desde o final do século XIX, não devem causar-nos perplexidade ou desânimo por mais sofridas que sejam. A involução (o andar

Evolução humana e fatos históricos

para trás) não existe; o que às vezes pode acontecer são momentos históricos em que as sociedades humanas se sentem mergulhadas numa aparente estagnação. Os ponteiros do relógio podem parecer emperrados, mas não giram para trás, pois a evolução é uma Lei para a qual Deus, em sua infinita sabedoria que excede qualquer entendimento humano, criou o mundo consciente.

Frei Betto, interpretando Teilhard de Chardin, escreve:

> *"A raça humana pode decidir sobre a evolução, inclusive freá-la e atrasá-la, como no caso de uma guerra nuclear. Jamais, porém, o ser humano conseguirá desviá-la completamente do seu sentido, pois o conjunto universal das consciências humanas seria irreversível e convergente para uma maior integração no plano das relações humanas, uma maior socialização no plano sócio-econômico e uma plena realização de toda a Criação, altamente espiritualizada, no Ponto Ômega"* (Sinfonia Universal, p. 110).

O Ponto Ômega, aí citado por Frei Betto, é

encontrado em Teilhard de Chardin como a realização final e plena do plano divino na epopéia do universo e, em especial, na história do ser humano. Teilhard atentou para o Apocalipse do Apóstolo João, livro bíblico que nos mostra a complexa mediunidade do Apóstolo; ali se pode ler (Cap. 1, versículo 8) as palavras ditas por Deus: "Eu sou o Alfa e o Ômega, o princípio e o fim..." Nas visões tidas pelo Apóstolo João na ilha de Patmos, essas palavras divinas são ditas por Jesus, mas em nome de Seu Pai — como antes é mencionado. Isto significa que a evolução e o progresso do ser humano podem tomar os caminhos mais tortuosos ou labirínticos, porém, lá bem adiante no fim dos tempos difíceis, o que atrai o movimento ascensional humano e o garante é o Ponto Ômega.

Que belo e seguro conceito da Lei de Progresso evolutivo! Afinal, quem somos nós para, em nosso mínimo segmento de vida encarnada perante a eternidade, querermos ter uma visão de *todo* o plano divino para a humanidade? Esta grande aventura da consciência reflexa e do livre-arbítrio não está aí por uma brincadeira deixada aos azares da sorte (que não existem, na verdade).

Já o atilado espírito de Gabriel Delanne, quase na

virada do século XIX para o XX, em sua bela obra intitulada *A Evolução Anímica* (FEB, 1992), noutras e mais minuciosas palavras nos diz o que aqui sintetizamos assim: primeiro, foi criado o cenário (planeta), o que demandou milhões de anos; depois, a vida vegetal surgiu e se foi complexificando e aperfeiçoando. Em terceiro lugar, desenvolveu-se a vida animal por milhões de anos, até esta alcançar sistemas nervosos dotados de refinada complexidade. Então, por cumprimento das leis divinas, veio a surgir na Terra o ser humano, não apenas como um degrau a mais da evolução, mas como uma nova realidade capaz de sentir e pensar com lucidez. No entanto, o que se pode ver em toda a evolução é a atuação de uma mesma força fundamental, percorrendo uma maravilhosa linha de intencionalidade divina; mas só com o advento do ser dotado de consciência e livre-arbítrio dá para acompanharmos a Lei do Progresso no específico da história humana. É a evolução que se torna consciente de si mesma.

Escreve diretamente Delanne:

"Vimos as forças naturais concorrerem com todas as forças ativas para a eclosão do ser pensante, e pretende-se que este último produto da evolução

> — *o homem, que ao invés de submeter-se passivamente, como o fizeram os seus predecessores, tomou a direção de si mesmo, seja o fruto de uma surpresa, de um jogo do acaso? É uma conclusão contraditada por toda a natureza, e, ainda que não tivéssemos a prova material da imortalidade da alma, o bom senso faria justiça a essas alegações infundadas.*
>
> *A matéria é cega, inerte, passiva, e só se move por influência de vontade. O que denominamos forças, nada mais é que manifestações tangíveis da inteligência universal, infinita, incriada. São sinais evidentes da Vontade Suprema que mantém o Universo"* (pp. 250-251).

Neste ponto do nosso tema, conjugam-se estudos do próprio Delanne e de Jorge Andréa que aprofundam, na realidade humana, o fundamental papel dos processos reencarnatórios — processos que nos permitem ver com muito mais clareza as razões de desigualdades evolutivas, as quais, porém, não anulam absolutamente as forças gerais da Lei de Progresso.

Do ponto de vista da evolução e em razão das desigualdades de estágios, a espécie humana vai formando agrupamentos não apenas culturais e territoriais, mas ajuntamentos de vibração mental em diferentes níveis evolutivos que, de certa forma, mapeiam afinidades de luz e de sombra. Histórias individuais e coletivas acabam combinando-se e dando, a certos segmentos da história humana, ora expressões mais positivas e claramente progressistas ora demonstrações um tanto desalentadoras de estagnação.

São muitas as forças de diferente potencial que compõem o quadro do processo evolutivo, chegando mesmo a darem impressão de uma tal variedade que não apresente objetivos comuns ao todo. Esta impressão corre por conta do que tem sido chamado de "a tentação do múltiplo" e que é uma certa e desnorteada deficiência de visão. Como na Física em que, nos "sistemas vetoriais", há vetores que partem de um mesmo ponto para variadas direções e que simbolizam diferentes forças, acontece nos "sistemas vetoriais" da evolução; e, também como na Física, por procedimentos adequados pode-se obter o chamado "vetor resultante" (VR): aquele que sintetiza o conjunto de forças e nos mostra o *eixo de forças* a ser considerado.

Nas muitas variações mostradas pelas forças evolutivas partidas do mesmo ponto inicial, o que devemos é procurar a grande *Força-eixo*: como que uma seta que nos mostra o movimento ascensional da humanidade, apesar dos descaminhos e das vicissitudes. Não podemos ignorar o quanto há de positivo no processo de evolução da humanidade, por estarmos freqüentemente fascinados pelas imagens negativas que mais nos fixam a atenção.

Na desigualdade dos percursos individuais e coletivos não se encontra imagem única. Em nosso planeta ainda primitivo, local de expiações e provas, temos mafiosos, traficantes, corruptos e muitos tipos de criaturas cruéis; mas aqui mesmo temos figuras da mais alta qualidade humana e espiritual, desde vultos conhecidos através da história e da mídia (Gandhi, Gurdjeff, Madre Tereza de Calcutá, Francisco Cândido Xavier, Albert Schweitzer, Albert Sabin, Irmã Dulce da Bahia e tantos outros), até multidões de anônimos imprescindíveis para as suas comunidades, que vivem com correção e de forma moralmente nobre. Assim que, para refletirmos sobre a evolução dos indivíduos e das culturas, não podemos tomar uma realidade plural (ou plurívoca) e tentar fazer dela uma "leitura" unívoca.

Aqui o pensamento simplificador não ajuda; temos de esforçar-nos por adentrar as sutilezas do chamado "modelo de pensamento complexo". Nós, espiritualistas e propriamente espíritas, não estamos autorizados a cultivar a preguiça mental, pois temos o *dever* de instruir-nos, na medida em que a instrução é um dos bons componentes que podem levar-nos à sabedoria. Diz-se que o nosso mundo às vezes se mostra muito instruído e pouco sábio, o que não deixa de ser verdadeiro; mas isto não nos mostra nada de errado com a instrução, mas sim com o transformarmos a instrução em *fim,* quando ela é apenas *meio*. Nada haverá de errado com o instruir-nos se a força inspiradora de nossa aprendizagem for moralmente elevada e responsável. Os livros de mensagens confortadoras, que inegavelmente têm uma grande e específica importância, têm substituído os livros de ensaios e estudos no comum do gosto dos leitores. Ora, as mensagens confortadoras e de esclarecimento fazem muito bem às pessoas; o que lhes faz mal é a ausência de uma reflexão mais exigente, inclusive levando-as a hábitos automatizados e a posições dogmáticas.

Eis a razão pela qual, no presente livro, embora

esforçando-nos para evitar complicações de linguagem, entendemos constituir nosso dever a apresentação de apontamentos científicos e filosóficos acerca da evolução humana. Os Grandes Mentores Espirituais abordaram, com a objetividade que sempre os move, os ensinamentos mais fundamentalmente importantes sobre a Lei de Progresso em *O Livro dos Espíritos* (Livro 3º, capítulo VIII), mas sua abordagem nunca foi e não é impedimento a que outros autores discutam as questões evolutivas do homem, de forma paralela e sob luzes diversas.

Sempre abalados por perguntas do tipo: "Mas será que estamos mesmo evoluindo?", somos levados a retomar estudos sobre o tema da Lei de Progresso, nisto beneficiando-nos com as luzes de espíritos como Teilhard de Chardin, Léon Denis, Gabriel Delanne, Jorge Andréa e outros. Todavia, a abordagem espiritual que já vem percorrendo nossas páginas, irá acentuar-se de modo mais vivo e nítido em capítulos posteriores.

VII - ALGUNS DADOS HISTÓRICOS SOBRE A EVOLUÇÃO SOCIAL

"A História é a mestra da vida"
(Cícero).

Na longa saga da presença humana sobre a face de nosso planeta, grande parte dos mais primitivos tempos (mais propriamente denominados *pré-históricos*) foi ocupada por uma luta cotidiana pela sobrevivência. Certamente foram tempos amorais, sem convenções ou leis de qualquer tipo e, por esta razão, tempos de uma aventura brutal dos seres humanos para preservarem-se vivos ante os muitíssimos perigos de um mundo selvático e de violentas alterações climáticas. Ao que tudo indica, o mais antigo período paleolítico se constituiu de milhares de anos ao longo dos quais a evolução humana foi lenta e mínima; porém, no período neolítico, grande revolução ocorre na vida humana com as descobertas de: a) semeadura; b) adubação e irrigação das terras; c) formas primárias de armazenamento e conservação de alimentos; d) cerâmicas e tijolos; e) primeiros processos de fundição de metais; f) roda para facilitar transportes, e, g) as primitivas escritas pictográficas. Hoje se diz que a revolução cultural do neolítico terá sido uma das maiores pelas quais a humanidade passou.

Desde o período neolítico, porém, em que grande parte da humanidade sedentarizou-se, dando antes de tudo origem às primeiras comunidades rurais e depois às primeiras concentrações urbanas, marcava a trajetória humana, pela ausência de Direito codificado, um clima de comportamentos vingativos. Vale dizer que, uma das primeiras e importantes demonstrações da evolução social humana é o refinado caminhar que parte da pura e brutal vingança e, passando pelos rigores da Lei de Talião ("olho por olho e dente por dente"), chega a transformar-se em complexas codificações jurídicas. Do respeitável código de Hamurabi, passando pelo Pentateuco (os 5 primeiros livros do Antigo Testamento bíblico) ou pela Lei das Doze Tábuas, alcança-se o refinamento do Direito Romano, deste então evoluindo, até hoje, às legislações mais complexas que regem o mundo contemporâneo. Mostra-nos, assim, a História termos caminhado evolutivamente de um seco e cruel clima de vinganças ao Direito. Este não é, de modo algum, um passo pequeno.

Todavia, por muitos séculos de História, cultos religiosos nos quais eram sacrificadas vidas humanas seguiram manchando nosso processo de evolução social. Entre os hebreus, ao tempo dos patriarcas, a vida passa a ser vista como atributo de Deus — do Deus uno; de modo que Deus emprestava vida ao mundo e principalmente aos seres humanos criados à sua imagem e semelhança. Porém, para esses mesmos hebreus, aquele homem ou aquela mulher cuja vida não estivesse em consonância com o que consideravam "leis divinas" (especialmente gravadas no Decálogo), deveriam ser condenados à execração e à morte por apedrejamento (lapidação). O respeito à vida deste povo ainda mantinha o negror da *pena de morte*.

Foi exatamente a partir de Jesus Cristo e do cristianismo primitivo que se instalou o respeito pleno pela vida. O cristianismo dos primeiros tempos concorda que a vida seja atributo de Deus, o qual empresta essa vida (*anima*) aos viventes; mas agora não mais se admite que tal vida possa ser tirada com pena de morte. Só Aquele que a deu pode tirá-la. De tal modo que, quando se dá a expansão cristã do pleno respeito pela vida, passo a passo os cultos com sacrifícios de vidas humanas vão-se extinguindo. Hoje, segundo se sabe, não há mais lei que permita mortes de seres humanos em rituais religiosos; e cumpre-nos, ao constatar isto na História, ver mais um passo evolutivo extraordinariamente importante.

As penas de morte persistem ainda em alguns Estados, mas, de modo geral e mesmo onde persistem, são vistas como remanescências de tempos de barbárie. Veja-se os constantes movimentos sociais, às vezes até de âmbito internacional, que contestam condenações e execuções. Hoje ainda temos que lamentar políticos manipuladores dos ressentimentos da gente sofrida dos estratos sociais mais humildes culturalmente, políticos esses que procuram se fazer eleger trazendo de volta o que o meio social sempre teve de pior: certa vocação para voltar à vingança brutal. Trata-se de apelar aos menos evoluídos no sentido de que auxiliem a se estagnar o processo evolutivo. E o que é pior: está comprovado que onde há pena de morte os índices de criminalidade são mais altos.

Considera-se, e em muitos aspectos com clara razão, a Grécia como berço das mais importantes construções da cultura ocidental. No entanto, em algumas cidades-Estados gregas (principalmente em Esparta), os pais não tinham direito de decidir a vida de seus filhinhos recém-nascidos; estes eram levados a um conselho governante de anciãos (homens de "respeitabilidade e sabedoria"), e tal conselho olhando a aparência do recém-nascido, julgando-o mais robusto ou mais frágil, decidia se a criança seria cuidada e educada pelos pais ou ... seria atirada ao lixo (no "aterro sanitário" da época) para definhar e morrer. Ora, há muito as leis não permitem nada semelhante a decisões assim bárbaras; a vida recém-nascida, salvo exceções de desespero ou patologia mental, é respeitada em nosso mundo, tanto quanto são respeitados os sentimentos paternos e maternos. Só quem não quer ver não verá nisto demonstração histórica da evolução individual e social dos homens.

Na mesma grande Grécia havia o chamado princípio de *porné* (de onde deriva, por exemplo, o termo pornografia). E em quê consistia tal princípio? Consistia em que meninas e meninos adolescentes que ficassem órfãos e desvalidos, deveriam ser encaminhados para a prostituição nos moldes do tempo. Pois bem; ao longo da história a prostituição infanto-juvenil tornou-se crime. O que quer dizer que, conquanto figuras inescrupulosas ainda explorem tal prostituição, esta não é mais um princípio socialmente aceito, mas uma ilegalidade. Nos dias atuais, estão codificados em aparatos legais os direitos da criança e do adolescente, havendo juizados específicos para cuidar de tais direitos. Eis como, uma vez mais, a História mostra-nos o movimento ascensional da vida humana, com seu fundamento na Lei de Progresso.

A esta altura, quando interrogamos as páginas da História, cabe fazermos também a constatação das muitas intolerâncias religiosas que resultaram em perseguições, torturas e guerras feitas em nome de Deus. Isto precisamos marcar de forma sublinhada em razão de que, conquanto certos radicalismos muçulmanos ainda se mostrem muito intolerantes, nosso mundo vive um início de século XXI no qual o ecumenismo se vai fazendo cada vez mais em uma exigência planetária. As diferenças nas opções religiosas prosseguirão existindo ainda por muito tempo, pois que tais escolhas têm razões de história de vida das pessoas bem como razões de condicionamentos socioculturais; mas o que pede o ideal ecumênico não é que de imediato nos igualemos abrindo mão destas ou daquelas convicções. Pede, o ecumenismo, que nos unamos solidariamente naquilo que podemos ter em comum e que respeitemos nossas diferenças.

Hoje as pessoas têm a fé religiosa que, de alguma forma, escolheram ter — com liberdade de consciência e vida. No entanto, conhecemos crimes individuais e coletivos cometidos, ao longo da História, por intolerâncias religiosas. Herodes, ao sentir-se, mais do que um tetrarca, uma espécie de divindade, sentiu-se tão ameaçado pelo nascimento de Jesus e pela importância espiritual a este atribuída por reis sábios de distantes reinos, que ordenou a matança de recém-nascidos que os Evangelhos nos narram. Para livrar-se da ameaça que egoisticamente sentia, não vacilou em infelicitar todas as mães e pais daqueles bebês que, por sua vez, foram brutalmente mortos a cortes e pancadas de armas brancas.

Desavisadamente, alguns argüirão que, em face dos genocídios ocorridos em nosso tempo (o século XX), com que força moral poderíamos apontar, de forma acusadora, episódios assim? Lembrem-se estes, porém, que os genocidas que mancharam o século recém-terminado têm sido considerados criminosos, fora da lei, e têm sido julgados por tribunais internacionais por crimes contra a humanidade. São figuras sombrias cuja lembrança entristece os tempos atuais e são expostas pelos educadores como anti-exemplos para as novas gerações.

A História nos exibe, principalmente com artísticas traduções cinematográficas, centenas e centenas de cristãos sendo dilacerados por feras e mortos no circo romano, para diversão de mentes primitivamente sangüinárias e pela intolerância religiosa do Império Romano. Nessa esteira de acontecimentos, mas bem posteriormente, o Tribunal do Santo Ofício da igreja católica romana desenvolve o período denominado *Inquisição*, que dura séculos, ora com mais crueldade nas torturas para interrogatório e nas mortes, ora com fases de menor exaltação da paranóia religiosa que lhe serviu de fundamento e móvel.

Também aqui devemos registrar a terrível matança de huguenotes (protestantes), esta feita por católicos sob as ordens de um rei pusilânime manobrado por sua cruel mãe; matança genocida que ficou caracterizada pela Noite de São Bartolomeu. A fé e o nome de Jesus iam à frente de interesses de poder, feitos de triste mesquinharia. Sejamos, no entanto, justos ao assinalarmos que, na Irlanda do Norte (por exemplo) foram os protestantes que perseguiram, brutalizaram e submeteram os católicos, sendo que até hoje uma interminável guerra civil nascida de intolerâncias religiosas abala aquela parte do Reino Unido.

Não temos, todavia, o aval da análise histórica para afirmar que isto, hoje, corresponda à regra das sociedades, correspondendo — isto sim! — às suas exceções. Após o período de "caça às bruxas" (sensitivas? Médiuns?) nos Estados Unidos, após a atitude inquisitorial de queima de todas as obras de Allan Kardec em Barcelona e mesmo depois de tempos nos quais, aqui em terras brasileiras, não católicos eram mal vistos e perseguidos, nosso mundo evoluiu — com a graça de Deus — para mais do que tolerância, respeito mesmo pelas opções de fé das pessoas.

Quando o Dalai Lama (do budismo tibetano) veio visitar-nos, vimo-lo recebido na Catedral da Sé, em São Paulo, com respeito e grande fraternidade pelas autoridades eclesiásticas católicas, protestantes e por representantes espíritas, numa das mais belas e civilizadas celebrações da liberdade de consciência religiosa.

Pensamos que a História dá-nos bela lição quanto ao processo de evolução social neste capítulo. Depois de 11 de setembro de 2001, com os ataques em Nova Yorque, nada de *fim* das intolerâncias religiosas. Contudo, há outros aspectos evolutivos nos quais será indispensável que nos detenhamos.

Desde a antiga Grécia, o filósofo Aristóteles e o político e grande soberano Péricles procuraram dar a devida importância ao tema da *cidadania*. Mas a democracia ateniense era excludente, em razão de que nela não tinham voz as mulheres, os escravos, as crianças, os servos e estrangeiros, sendo na verdade muito mais uma forma atenuada de aristocracia. De todo modo, o tema estava levantado pelos gregos e, em termos de Direito, os romanos avançaram posições, mas sem que saíssem das excludências que se assemelhavam às dos gregos. A história da questão da cidadania veio, pelos séculos, sofrendo avanços relativos e retrocessos agudos, principalmente em razão dos desmandos de monarcas caprichosos e cruéis. No entanto, mostra-nos a História que, do século XVIII em diante dá-se a construção moderna do conceito de cidadania, no leito das primeiras declarações de direitos humanos.

O século XX conhece, precisamente em 10 de dezembro de 1948, a primeira Declaração *Universal* dos Direitos Humanos, assinada pelos representantes oficiais de 58 países — que representavam 4/5 da população da Terra. Tem sido tal a fecundidade dessa primeira declaração *universal*, que dezenas de tratados internacionais dela derivaram, passando a influir fortemente na elaboração das Cartas Constitucionais dos últimos 20 anos — tudo no sentido da proteção aos direitos e deveres do cidadão *no mundo*. É certo que permanecemos distantes do que é ideal, mas a História comprova que, também neste aspecto, temos evoluído.

Ora, as escravaturas foram superadas. Primeiro, foi vetado continuar-se escravizando os vencidos em guerras; depois, chegaram ao seu fim as escravizações raciais, especialmente de negros (como no Brasil, por exemplo) e de amarelos (chineses, como por exemplo no Peru). Finalmente, pôs-se fim à forma mais moderna de escravatura: a que existia em razão de *dívidas* contraídas. Figuras do mundo do crime e, portanto, de forma ilegal e criminosa, ainda criam excepcionais situações nas quais tentam escravizar minorias desprotegidas. Mas deixemos que a lei — a humana e a divina — se entenda com esses espíritos infelizes prisioneiros dos piores sentimentos. Mais uma vez, eles estão longe de constituir o comum do comportamento social; são, outra vez, remanescências excepcionais de barbárie. Também com estes últimos elementos a História indica-nos as sendas da evolução social humana.

Ainda que a esta altura desconsideradas as escravaturas, devemos também pôr nossa atenção sobre o que, desde o feudalismo medieval, vem acontecendo aos trabalhadores assalariados de forma direta ou indireta. Ao longo de toda a Idade Média inexistiu isto que hoje chamamos de classe média, sendo que no alto da estruturação social posicionavam-se os senhores feudais e o clero; abaixo destes um vazio que punha máxima distância em relação às camadas mais humildes, estas conhecidas com os nomes de "servos da gleba" e simplesmente "povo pobre". Estes não eram ainda cidadãos de direitos, praticamente tendo só deveres para com os senhores.

Na verdade, em todo o período pré-tecnológico do Ocidente — que vem até fins do século XVIII — a não ser os que, de uma forma ou de outra, começaram a comerciar, os seres humanos trabalhadores não guardavam muita diferença das mulas, cavalos e outros animais de trabalho, de vez que desenvolviam trabalhos pesados que lhes exigia imensamente da força muscular. No máximo, havia tratos orais entre empregadores e empregados, mas nada que uma corte judicial supervisionasse ou protegesse. No final do século XVIII, os movimentos mercantis evoluem para a industrialização, com o início da que hoje conhecemos como Revolução Industrial; mas mesmo nesta, os trabalhadores prosseguiam desprotegidos, barbaramente explorados (inclusive crianças e mulheres), sem que os governos dessem maior atenção às condições infra-humanas do operariado e dos trabalhadores rurais. Contudo, do conceito de direitos humanos fundamentais nasceu forte luta social pela proteção da cidadania, disto resultando as chamadas "leis trabalhistas" como uma conquista mais marcadamente dos inícios do século XX, leis que têm como finalidade a humanização do trabalho na linha dos direitos da pessoa humana à vida, à saúde e às melhorias de sua condição. Ainda uma vez mais vemos as Leis do Progresso cumprindo-se, ainda que passo a passo, no evolver histórico.

Como se pode perceber, neste capítulo estamos interrogando o panorama histórico, sendo que temos tocado em aspectos irrefutáveis do progresso humano. Pegamos, aqui e ali, fatos que a História nos faculta, certamente não conseguindo ver tudo em razão de nossa pouca competência. De todo modo, pensamos que com este pouco que entrevemos logramos demonstrar o quanto temos sido prisioneiros dos negativismos contagiantes dos diretores e gerentes dos meios de comunicação de massas.

Se vivemos preocupações e problemas criados pela ciência e pela tecnologia, é inegável que também temos sido grandemente beneficiados pelos avanços científico-tecnológicos. O desenvolvimento da microbiologia, que se deu no final da Idade Moderna como a invenção dos primeiros microscópios desvendou-nos uma nova forma de ver a vida e de proteger-nos, possibilitando enorme evolução no conceito de higiene e levando-nos a formas de assepsia (desinfecção) que têm aumentado a expectativa de vida, com a proteção de crianças, adultos e idosos. São tantos os benefícios derivados do desenvolvimento da microbiologia, da nova orientação do conceito de higiene e do surgimento de antibióticos, que milhões de vidas em cada ano não mais precisam ser ceifadas cedo.

Desde a fitoterapia, que é tratamento com plantas medicinais, às terapias químico-sintéticas (com substâncias sintetizadas em laboratório) fez-se um importante caminho. Este caminho beneficia-se hoje, por sua vez, de uma volta nas práticas médicas que tem equilibrado as coisas, revalorizando o uso de plantas medicinais. Pode-se, por outro lado, constatar grandes aperfeiçoamentos nos processos de imunização (vacinas, antialérgicos, antídotos etc.). Todas essas coisas, somadas aos estupendos progressos em diagnósticos e cirurgias, explicam-nos a melhor qualidade geral de saúde e a longevidade que se vê aumentar nos meios sociais, ressalvando, é claro, deficiências congênitas com as quais ainda se tem dificuldade para lidar.

Se nos detivermos, mais do que o devido para este pequeno livro, sobre benefícios científicos e tecnológicos, iremos longe demais. Porém, sentimo-nos na necessidade de trazer à luz central deste trecho de nossa reflexão os avanços também estupendos nos meios de transporte e de comunicação, elementos que inclusive têm alterado o modo de o homem contemporâneo compreender as mudanças no tempo e no espaço. Quando se navegava 15 a 20 dias para ir de um continente a outro e se esperava demoradas correspondências, a compreensão do mundo era de um jeito; mas agora que se vai em 7 horas à Europa, as pessoas entrando em diálogo imediato através de textos ou de vozes na Internet, é inevitável um abalo na compreensão do mundo em termos de espaço e tempo. O mundo vive hoje numa velocidade vertiginosa, o que tem aspectos bons e ótimos a par de aspectos muito ruins. De qualquer maneira, são avanços que cumpre aos seres humanos ordenar em seu favor — em favor de sua qualidade de vida.

Um dos grandes progressos da atividade científica que devemos constatar reside na forma de se cuidar, hoje em dia, dos doentes mentais. A doença mental foi concebida na Idade antiga, e em parte da medieval como processo de endemoninhamento; como era o diabo que dominava aquelas pobres criaturas, defendia-se *punições* para elas —

normalmente surras, jejuns e imobilizações aplicadas à pessoa possuída. Dissemos parte da Idade Média em razão de que o filósofo Michel Foucault, em sua *História da loucura na idade clássica*, anota que na segunda metade da Idade Média e nos inícios da modernidade, os loucos moravam em suas casas (as de suas famílias) e eram perfeitamente tolerados no convívio social das ruas, exceção feita apenas aos loucos agressivos.

O pensamento radicalmente racionalista que inicia seu trajeto a partir do século XVII é que, tendo clara repulsa e mesmo medo a tudo que significasse *desrazão*, inicia a ter atitudes violentas contra os doentes mentais loucos; como no caso das chamadas "naus terríveis", principalmente do século XVIII, na qual os dementes eram amontoados com certo provisionamento de comida e água, sendo levadas, tais naus, para mar alto e deixadas à deriva. Anota Foucault que, nessa ocasião, os piratas — que eram bandidos do mar — demonstravam surpreendente caridade dando assistência, ainda que temporária, aos loucos famintos e sujos.

No século XIX chocam-nos as truculências da psiquiatria dos inícios, que mantinham os loucos presos e acorrentados como bichos. Para Foucault, tudo isto era medo à *desrazão* — um pavor do que não se mantivesse dentro dos estritos limites do racional. No mesmo século XIX e principalmente no XX, eminentes cientistas contestaram "tratamentos" assim brutais, iniciando uma fase de muito maior respeito pela pessoa do doente. Junto, deram-se notáveis avanços farmacológicos com desenvolvimento de importantes remédios que têm devolvido um nível bom de sociabilidade aos antes inteiramente enlouquecidos.

Ainda aqui deparamo-nos com denúncias da *mídia,* da permanência de tratamentos desumanos aos doentes mentais. Mas, também ainda aqui vemos que estes últimos vão sendo cada vez mais excepcionais e filhos de banditismos que ainda existem no meio civilizado. O fato mais importante é que, no geral, observa-se grande progresso no entendimento dos transtornos mentais e nas formas de tratá-los. Mesmo crimes derivados de desvios sexuais que tanto chocam o meio social, são tratados de modo mais humano e científico pelas autoridades do meio jurídico; afinal, a pedofilia (atração sexual por crianças e adolescentes), por exemplo, é uma séria enfermidade. Nós achamos facilidade em sentir compaixão de uma pessoa cancerosa, mas pensamos às vezes em "pena de morte" para desviados sexuais — o que carece de toda coerência. Eis porque hoje verificamos nítidos progressos nos tratamentos judiciais dados aos doentes da sexualidade. Mesmo a pessoa humana dos homossexuais, conquanto ainda se defronte com preconceitos, é hoje mais respeitada; são, estas, evidências de que, socialmente, não nos encontramos estagnados e, muito menos, em franco estado de degenerescência. Na precariedade de nossa condição, evoluimos.

Também o tratamento dado às mulheres, que já foi muito desumano a ponto de quase não serem contadas entre os seres humanos, mudou muito em positiva linha ascensional. Digamos claro: antes foi o indisfarçado domínio dos machos e a anulação quase do feminino, com grande despersonalização das mulheres; isto durou séculos, pois, ainda em fins do século XIX, grandes escritoras da literatura universal precisavam esconder-se em pseudônimos masculinos para ter espaço editorial (casos, por exemplo, de George Eliot, George Sand e outras); mas atualmente isto não mais existe. Reconhecido o talento, há mulheres mais prestigiadas do que muitos homens. Se, na Inglaterra vitoriana, a grande Florence Nightingale — praticamente a precursora da enfermagem — defrontou-se com sérios obstáculos pela sua condição feminina, hoje temos mulheres com sérios encargos empresariais, administrativos de modo geral — inclusive nos governos de países. Apenas as culturas muçulmanas continuam desvalorizando, reprimindo e mesmo desfigurando as mulheres com roupas fantasmagóricas. Como se diz, a exceção confirma a regra.

Os ideais, nesse campo dos gêneros humanos, podem ser assim resumidos: a) que chegue ao fim o domínio dos machos; b) que não se instale o domínio do feminismo — que seria outro equívoco; c) que obtenhamos o equilíbrio humano, com um mundo no qual o feminino e o masculino se complementem e sejam interfecundantes. Os machistas e as feministas são figuras equivocadas que o século XXI dificilmente aceitará.

Eis um conjunto de idéias e análises que, em sua singeleza, dá-nos boa imagem do que a História responde quando lhe perguntamos acerca da evolução individual e coletiva do ser humano. Mais para a frente, queremos refletir de modo mais detido sobre o papel das vidas sucessivas (reencarnações) na evolução dos indivíduos. É tema de tal riqueza que deve ser visto à parte.

VIII
VIDAS SUCESSIVAS E EVOLUÇÃO

1.

Encontramos em passagens bíblicas, assim como em outras tradições sapientais, a afirmação de que Deus estabeleceu um grande plano para a evolução individual e coletiva, sendo que seria descabida pretensão nossa, a partir de um fragmento do imenso mosaico — fragmento este que é nosso curto lapso de vida, compreendermos adequadamente o plano divino em suas intencionalidades e nos movimentos às vezes labirínticos da História.

O físico alemão Max Planck retrocedeu, com cálculos até hoje tidos como muito precisos, na história da evolução cósmica até a um ponto que ficou denominado "limite de Planck". Ao que nos informa a história da física contemporânea, Planck teria retrocedido até 10 segundos elevados à potência negativa 43 (10^{-43} segundos) após o início da expansão cósmica, com ou sem a explosão do "big-bang". Outros físicos, de posse do "limite de Planck" estudaram passo a passo a evolução cósmica e chegaram à importantíssima conclusão de que, se em tal evolução uma única vírgula não estivesse exatamente onde esteve e um único número não aparecesse onde aparece nas equações cósmicas, há muito não existiria mais universo. Noutras palavras, tais cientistas concluiram que, na trama precisa do cosmos, não há *nenhum lugar para o acaso*; nada é aleatório e poderia, ao menos de um ponto de vista físico-matemático, ter sido diferente de como foi.

Nestes nossos tempos de atentados humanos ao ambiente, que se traduzem em sérias inquietações ecológicas, muitos pensadores preocupam-se com o que o livre-arbítrio humano pode causar no campo planetário, gerado por essa precisão de harmonias divinas. No entanto, devemos entender que a liberdade humana não é ilimitada; não é liberdade plena e perfeita, mas apenas liberdade "humana". Ante o saber sempre relativo e precário dos homens está a Sabedoria Suprema, que de muitas formas pode intervir e o tem feito em socorro do próprio ser humano. Além do que, o livre-arbítrio tem seu preço, de vez que, como temos ouvido e lido, "o plantio é livre, mas a colheita é obrigatória".

Com um olhar mais penetrante para a História, constataremos que, apesar dos descaminhos e equívocos humanos, a execução do grande plano de Deus vem acontecendo. De forma nada linear e necessariamente acidentada de vez que o nível de liberdade nas coisas dos homens é bem maior e a inesgotável paciência divina deseja que façamos um percurso de aprendizagem. Afinal, Deus quis e resolveu ter filhos e não autômatos, principalmente porque olha para cada um de nós vendo-nos em dimensão de eternidade. Notícias têm-nos chegado do Plano Maior por mensageiros da luz segundo as quais, em momentos especialmente difíceis e críticos da história humana, conclaves foram realizados pela Alta Espiritualidade para, intuindo-nos de modo luminoso, fossem mudadas direções catastróficas que as irresponsabilidades humanas estavam tomando. Ao que sabemos, importantes mudanças e correções de percurso foram operadas sem bruscas e autoritárias intervenções.

Contra quaisquer soluções autoritárias, a misericórdia divina tem *cuidado* de nós para que — devidamente intuídos — pensemos mais acertadamente e, ainda que passo a passo, descubramos o imenso poder do amor e da solidariedade. Como tenho sublinhado noutros escritos, *autoridade* é um princípio de amor; conseqüentemente, Deus a exerce cuidadosamente. Mas os *autoritarismos* são degenerescências da autoridade, de vez que se constituem em imposições pela força; logo, Deus não os pratica, às vezes tendo que deixar os seus filhos aprenderem pela dor.

Ora, quando nos dedicamos a avaliar a evolução social humana, devemos fazê-lo com duas medidas que são distintas mas complementares. Primeiro, cumpre que a avaliemos em medida transitória (nos limites dos séculos e milênios), vendo como, nós seres humanos, fomos e vivemos e como agora estamos registrando avanços em nossa forma de ser e viver; mas, depois, vem a medida soberana que concebe nossa vida como eterna e destinada a um futuro de perfeição e plena espiritualidade. Aqui somos chamados a considerar um plano divino que perpassou as muitas vidas que já tivemos, engloba nosso viver atual e perpassará as muitas vidas que ainda viveremos em nome do aperfeiçoamento que um dia nos permitirá, na linguagem do Apóstolo Paulo, ver a face de Deus.

O espiritismo cristão deve manter-se alerta para os fatos de que a natureza existe, a História existe, existe a política, como existe a natureza humana com suas exigências; isto para que não reduzamos a palingênese (doutrina das vidas sucessivas) ao puramente individual. Já é tempo, ao que parece, de que sistematizemos um pensamento social espírita que seja complementar à sua rica doutrina dos autoconhecimentos e aperfeiçoamentos individuais. Com isto preocupou-se o filósofo e escritor espírita José Herculano Pires, homem que — em alguns aspectos — viveu além do seu tempo. Hoje, devemos revisitar as obras principais daquele filósofo que tanto enalteceu a nova espiritualidade que se tem transformado em um dos mais brilhantes fenômenos deste nosso Brasil.

Dediquemo-nos, daqui em diante, à apreciação devida do papel nuclear que a doutrina das vidas sucessivas tem na totalidade dos processos evolutivos humanos. Façamos isto com a diligência sempre revelada pelos bons alunos na escola do viver. Ouçamos a voz de Allan Kardec que, em *O Livro dos Espíritos*, oferece-nos à página 26 ("Introdução ao estudo da doutrina espírita") o seguinte conselho:

> *"Sede mais laboriosos e perseverantes em vossos estudos, sem isso os Espíritos superiores vos abandonam, como faz um professor com os alunos negligentes".*

2.

Quanto à doutrina das vidas sucessivas, entendamo-nos, antes do mais, quanto a dois pontos importantes. Primeiro: que a *palingênese* (palavra de origem grega, significando "novo nascimento") deve ser vista, em termos cósmicos, como um processo muito mais abrangente do qual a noção das reencarnações humanas faz parte. Mas tornou-se comum, por fazerem parte de um todo maior, denominar-se as reencarnações humanas como *palingênese*. O segundo ponto exige mais detidas explicações e, assim, vamos tratá-lo a seguir com os cuidados necessários.

Ocorre que não foi o Espiritismo que inventou a doutrina das reencarnações. Os primeiros enunciados dessa doutrina perdem-se nos albores das civilizações humanas, e precisamente o que nos chama a atenção é o fato de que, em uma pesquisa histórica minuciosa, a doutrina das vidas sucessivas tem atravessado todas as eras conhecidas de tais civilizações. No berço da Civilização, que parece ter sido a Índia, encontramos a questão das reencarnações exposta com nitidez e precisão, quando o estado intelectual daquela época nem dava a entender ser possível tal nitidez.

Podemos ler nos Vedas e no Bhagavad-Gitá passagens como as seguintes:

> *"A alma não nasce nem morre nunca; ela não nasceu outrora nem deve renascer; sem nascimento, sem fim, eterna, antiga, não morre a alma quando se mata o corpo. (...) Assim como se deixam as vestes gastas para usar vestes novas, também a alma deixa o corpo usado para revestir novos corpos".*

Já na remota Índia as reencarnações eram concebidas como vias de aperfeiçoamento, até que um dia não se precisasse mais delas. Fala a voz da divindade ensinando:

> *"Chegadas até mim essas grandes almas que*

> *atingiram a perfeição suprema, não entram mais nessa vida perecível, morada dos males.*
> *Os mundos voltarão a Brahma, ó Arjuna, mas aquele que me atingiu não deve mais renascer".*

Vamos encontrar essencialmente a mesma doutrina entre os persas, no Masdeísmo e no Mitraismo, encontrando-a também na Grécia, pois o matemático e filósofo Pitágoras a assimilara em suas viagens de estudos e formação pelo Egito e pela Pérsia. Pitágoras teve um discípulo de nome Timeu (Timeu de Locres) que, envolto em equívoco, divulgou o erro da metempsicose — transmigração das almas para seres humanos e para animais. Isto passou a ser crença popular, mas não foi aceita por pensadores eminentes e nem tampouco foi confirmada pelos Mentores Espirituais.

Na Grécia, os Mistérios (que eram ensinamentos ocultos) versavam sobre três temas: 1º) a unidade de Deus; 2º) a pluralidade dos mundos e a rotação da Terra, tal como a ciência confirmaria mais tarde; 3º) a reencarnação ou existências sucessivas da alma. O genial geômetra e filósofo Platão, em seu livro *Fédon* adota a convicção pitagórica da palingênese. E, posteriormente, toda a chamada Escola

Neoplatônica ensinou a reencarnação como via de progresso para os espíritos. Assim, Plotino, no livro IX da segunda *Enéada*, escreve:

> *"A providência dos deuses assegura a cada um de nós a sorte que lhe convém, e que é harmônica com seus antecedentes, **conforme suas vidas sucessivas**".*

Em tal linha de pensamento encontramos Porfírio e Jâmblico, este último legando-nos ensinamentos de grande precisão sobre as conseqüências de nossas falhas morais e a necessidade de vidas sucessivas para cumprir o aperfeiçoamento humano.

Antes encontramos o princípio reencarnatório cultivado pelos hebreus, o que não é difícil de verificar-se tanto no Antigo Testamento bíblico (aqui de forma mais velada, diríamos) quanto nos Evangelhos do Novo Testamento, então de modo bem mais explícito como adiante veremos, de vez que vamos focalizar mais privilegiadamente este último aspecto. Já vimos a palingênese abraçada pelos gregos, mas falta registrarmos a adesão à ela de grandes escritores romanos, como

Virgílio e Ovídio.

Em sua muito clássica obra intitulada *A Guerra da Gália*, Júlio César diz que os gauleses, praticantes da religião dos druidas, acreditavam na unidade de Deus e nas vidas sucessivas (Livros VI e XIV). E numa visão cosmicamente ampla de palingênese, o gaulês Taliésin escreve: *"Fui víbora no lago, cabra mosqueada na montanha; fui estrela, fui sacerdote. Desde que fui pastor, escoou-se muito tempo; dormi em cem mundos, agitei-me em cem círculos"* (Gabriel Delanne, *A Reencarnação*, p. 29).

No 2º Concílio de Constantinopla (553 d.C.), portanto só no VI século da nossa era, a doutrina das vidas sucessivas foi declarada herética, afirmando mesmo alguns, que figuras da importância de S. Jerônimo de Jerusalém, Santo Agostinho de Hipona, Orígenes de Alexandria e outros foram reencarnacionistas. O fato, porém, é que tal crença transformada em heresia só foi mantida ao longo da Idade Média de forma oculta, transmitida oralmente entre iniciados.

Já na Idade Moderna, encontramos uma profusão de importantes nomes que principiam a retomar a doutrina palingenética, como Leibniz, Dupont de Nemours, Charles Bonnet, Lessing, Ballanche, Schlegel, Saint-Martin, Constant de Savy, Pierre Leroux e Fourier, Jean Reynaud, Camille Flammarion e outros. O filósofo alemão Lessing escreveu, de forma desabrida:

> *"Quem impede que cada homem tenha existido muitas vezes no mundo? É esta hipótese ridícula por ser a mais antiga? Por que não teria eu, no mundo, dado todos os passos sucessivos, para meu aperfeiçoamento, os quais, só por si, podem constituir, para o homem, penas e recompensas temporais?"* (G. Delanne, *A Reencarnação*, p. 30).

Escritores definitivos como Balzac, Théophile Gautier, George Sand e Victor Hugo, foram todos adeptos da doutrina das vidas sucessivas.

Atualmente, preocupações ligadas à palingênese têm, nos dias de hoje, migrado para o campo científico, com grande destaque para cientistas como o Dr. Ian Stevenson, da Universidade de Virgínia (USA), o hindu Dr. Banerjee e o brasileiro de nome internacional Eng° Hernani Guimarães

Andrade, do Instituto de Psicobiofísica de São Paulo. Todos estes estudiosos têm apresentado ao público livros e monografias que relatam seus experimentos e observações em torno de casos sugestivos de reencarnação.

Repitamos, portanto: o Espiritismo não inventou a doutrina das vidas sucessivas, tirando-a da cartola como fazem os mágicos. Trata-se de antiqüíssima concepção que apenas recebe forças renovadas quando os Mentores reunidos em torno do Espírito de Verdade garantiram, especialmente em *O Livro dos Espíritos* (Livro II, cap. IVº), que nossa evolução, considerada individual ou coletivamente, pressupõe os processos reencarnatórios, os quais constituem elemento central de cumprimento da Lei de Progresso e Evolução.

3.

Examinemos, pois, a doutrina até aqui considerada em seus aspectos históricos. Atentemos à substância doutrinária e ao seu papel histórico-cultural ou em termos de evolução social humana. Será sempre com todo o respeito por todos os que descrêem da palingênese que trataremos o tema, da mesma forma que o faremos com o que há de mais visceral e nuclear em nossas convicções espirituais. Como sempre ensinaram-nos os Evangelhos, aquilo que não nasce de Deus sucumbe por si mesmo; mas o que vem do Altíssimo resiste aos milênios e a todas as transformações de pensamento.

Entendemos que a reencarnação principia por ser *uma necessidade lógica* na concepção da vida humana e da justiça divina. Quando, ao fazer Allan Kardec em *O Livro dos Espíritos* a questão de número 171, enuncia-a assim: *"Sobre o que está baseado o dogma da reencarnação?"* Ao que os Mentores Espirituais respondem nos seguintes termos:

> *"Sobre a justiça de Deus e a revelação, pois, repetimos sempre: um bom pai deixa sempre aos seus filhos uma porta aberta ao arrependimento. Não lhe diz a razão que seria injusto privar para sempre, da felicidade eterna, todos aqueles cujo progresso não dependeu deles mesmos? Não são todos os homens filhos de Deus? Somente entre os egoístas se encontram a iniqüidade, o ódio implacável e os castigos sem perdão".*

Vale isto como uma negação clara das penas eternas

infernais, cuja concepção ignora a mutabilidade humana e sua capacidade de aperfeiçoamento. Ora, os seres humanos conscientes de sua fragilidade e capazes de arrependimento não podem ser sentenciados de uma forma estática, isto é, como se nunca chegassem ao auto-melhoramento que os levasse a lamentar condutas indevidas do passado. Esta é a razão pela qual a doutrina das vidas sucessivas enche os corações humanos de consoladora esperança; não uma esperança que torne acomodados esses corações ao dizerem para si mesmos: "Haverá tempo! não preciso esforçar-me agora!" Isto não, porque quanto mais se multiplicarem as reencarnações em razão de negligências, mais longas e dolorosas podem ser as expiações.

Noutro aspecto ainda mais prático precisaremos compreender a justiça divina. Sobre tal aspecto, Léon Denis apresenta precisos questionamentos como os seguintes:

"Por que para uns a fortuna, a felicidade constante e para outros a miséria, a desgraça inevitável? Para estes a força, a saúde, a beleza; para aqueles a fraqueza, a doença, a fealdade? Por que a inteligência, o gênio, aqui; e, acolá, a imbecilidade? Como se encontram tantas

> *qualidades morais admiráveis, a par de tantos vícios e defeitos? (...) E as enfermidades inatas, a cegueira, a idiotia, as deformidades, todos os infortúnios que enchem os hospitais, os albergues noturnos, as casas de correção? A hereditariedade não explica tudo; na maior parte dos casos, estas aflições não podem ser consideradas como o resultado de causas atuais".*
> (*O problema do ser, do destino e da dor*, p. 164).

Sendo todos filhos de Deus, uns não podem nascer melhores que outros em uma única existência que se aceite. E só compreenderemos a exata justiça divina ao vermos claro que os estágios evolutivos, os méritos e débitos não são os mesmos, em razão da trajetória das muitas vidas de cada ser humano como parte do grande plano de Deus. Ainda é Léon Denis quem nos adverte sabiamente:

> *"A lei dos renascimentos explica e completa o princípio da imortalidade. A evolução do ser indica um plano e um fim. Esse fim, que é a perfeição, não pode realizar-se em uma existência só, por mais longa que seja. Devemos ver na*

pluralidade das vidas da alma a condição necessária de sua educação e de seus progressos" (Mesma obra, p. 163).

Tudo isto parece tão forte em sua evidência que os muitos esforços teológicos para excluir a palingênese não lograram aboli-la de toda a trajetória do pensamento humano de preocupações espirituais. As tentativas de compreensão do princípio da imortalidade e da justiça divina, desde que fujam à concepção das vidas sucessivas não convencem nosso aparato lógico e, por isso, são forçadas a usar o atalho preconceituoso de dogmas impositivos.

Na questão 199 de *O Livro dos Espíritos*, Allan Kardec faz as seguintes ponderações:

"Se o homem não tivesse senão uma só existência, e se depois dessa existência sua sorte futura fosse fixada para a eternidade, qual seria o mérito da metade da espécie humana que morre em tenra idade para desfrutar sem esforços, da felicidade eterna, e por qual direito ficaria isenta das condições, freqüentemente tão duras, impostas à outra metade?"

Kardec opina que, numa tal ordem de coisas, só encontraríamos um Deus parcial e incoerente; nela não encontraríamos a justiça divina tal como nos é dado concebê-la. Nesta mesma obra, Allan Kardec lembra-nos de que muitos repelem a idéia das reencarnações por conveniências pessoais: ou têm consciência das ações reprováveis que reiteradamente cometeram (ou cometem) ou simplesmente não têm disposição para esforços evolutivos porque, por uma inércia egoística, preferem certa estagnação dourada (p. 123).

Eis a palingênese como rico alimento para as nossas necessidades de compreensão lógica da vida e da eqüidade de Deus.

A seguir, as reencarnações são, para muitos, fortes *intuições espirituais*, de vez que inúmeras pessoas vivem suas vidas com a nítida impressão de que estas sejam a seqüência de algo que anda esquecido; são indivíduos cuja especial sensibilidade também permite ver, nas vidas que os cercam, estranhas continuidades de genialidade, de desnorteamento ou mesmo de uma ignorância mais renitente.

O autor destas páginas lembra-se bem de que, por

Evolução humana e fatos históricos   113

volta dos 9 anos de idade, emocionava-se especialmente com as composições de Chopin, com textos de Victor Hugo, com canções de Edith Piaf. Antes, pelos 7 anos de idade, este autor assistiu a um filme de cinema que era excelente biografia de Frédéric Chopin; tal filme o abalara muitíssimo pela estranha sensação de reencontro com um tempo conhecido e amado. Este escritor nunca metera na cabeça ter sido Chopin ou outra figura em encarnação passada, mas sempre intuíra que sua ligação com a França e com sua cultura era coisa de outras vidas. Assim, o autor destas linhas não se lembra de ter passado a crer na reencarnação: esta foi uma constante de sua concepção de mundo e vida por *toda* a sua existência atual.

Situado em uma família presbiteriana, este escritor — ao longo de sua infância e adolescência — desenvolveu uma técnica de sobrevivência que consistia em silenciar sobre o que pudesse chocar nossos correligionários de então. Isto até que o processo de maturação da juventude desse a este autor a estruturação de personalidade e a disposição inabalável de principiar a estudar o Espiritismo e, neste, o central papel da doutrina das vidas sucessivas. Foi então que, com base nesses estudos e mais em abençoadas vivências espirituais que se tornou, o autor destas reflexões, cada vez mais preparado para perceber aspectos reencarnatórios em familiares, amigos e conhecidos; e, o que é melhor, a vida passou-lhe a fazer cada vez mais sentido e maior se fez sua reverência ante a justiça divina.

Em contato com obras como *Reencarnação no Brasil — oito casos que sugerem renascimento* (1988), de Hernani Guimarães Andrade, estudos de Ian Stevenson que estudam casos indicativos de reencarnação — tanto Andrade como Stevenson com cuidadosas abordagens científicas da questão; em contato com o extraordinário relato pessoal da Sra. Yvonne A. Pereira — pessoa cuja probidade conhecemos e que foi sempre admirada — intitulado *Um caso de reencarnação — eu e Roberto Canallejas* (2000), nada nos tem sobrado para pôr em dúvida a reencarnação. Mas, acima de tudo, *sempre* foi marcante a intuição espiritual na vida deste autor e de tantos conhecidos seus a forte realidade das vidas sucessivas.

Quando, em *O Livro dos Espíritos* (questão 787), Allan Kardec pergunta aos Mentores Espirituais quanto ao destino de povos aparentemente degenerados, a resposta é serena mas firme:

> *"Elas (aqui o vocabulário era em torno de **raças**) atingirão, como todas as outras, a perfeição, **passando por outras existências:** Deus não deserda a ninguém".*

Neste ponto, surge-nos a doutrina de vidas sucessivas como *algo encontrável nos próprios textos bíblicos*. No livro de Ezequiel, capítulo 18 (ainda no Antigo Testamento) encontramos a mais impressionante argumentação acerca do tema da *responsabilidade pessoal*, argumentação que neutraliza a idéia de que os filhos podem arcar com os erros e iniqüidades dos pais. Cada qual deverá responder por seus próprios atos. Assim escreve Ezequiel: *"A alma que pecar, essa morrerá; o filho não levará a maldade do pai, nem o pai levará a maldade do filho. A justiça do justo ficará sobre ele, e a impiedade do ímpio cairá sobre ele"* (18:20). Passagem concorde com outra, agora de Jeremias, que diz: *"Naqueles dias (os da Nova Aliança) não dirão mais: os pais comeram as uvas verdes e os dentes dos filhos se embotaram. Mas cada um morrerá pela sua iniqüidade; todo homem que comer uvas verdes, a esses é que lhe ficarão botos os dentes"* (Jeremias 31:29-30). Nestes textos o verbo *morrer* deve ser compreendido como *perder-se*.

No Novo Testamento, precisamente no Evangelho segundo o Apóstolo Mateus, encontramos a naturalidade com a qual o próprio Jesus falava de reencarnações. É que, por volta de 450 anos antes de Cristo, Malaquias profetiza que, antes da vinda e da manifestação do Messias, Elias *voltaria* para aplainar-lhe o caminho. Ora, na transfiguração do Tabor, os discípulos tendo presenciado Elias a falar com Jesus, perguntam-lhe: *"Por que dizem os escribas que Elias deve vir primeiro?"*. Hermínio C. Miranda, em sua interessante e séria obra *A reencarnação na Bíblia* (1979), comenta o momento bíblico em foco:

> *"A explícita resposta de Jesus não deixa margem a contestação ou dúvida, pela sua singela clareza. Em primeiro lugar, ele confirma a profecia: é verdade, sim, que Elias tinha que vir, como foi anunciado. E prossegue, informando que ele viera de fato, mas não fora reconhecido. Ao contrário, fizeram dele quanto quiseram e acabaram por executá-lo, como, aliás, o fariam com ele próprio, Jesus.*
>
> *Mateus encerra a narrativa com esta límpida frase:*

'Os discípulos compreenderam, então, que ele lhes falava de João Batista'" (Mateus 17:10-13).

Da mesma forma há a conversa de Jesus com Nicodemos, doutor da Lei que o procurara na calada da noite, na qual o Mestre fala da necessidade de "novo nascimento" e, principalmente, estranha que Nicodemos desconhecesse o assunto.

Importante será que destaquemos outra passagem de raciocínio conclusivo de Hermínio Miranda:

"... o espírito existe. Temos a palavra respeitável do Antigo Testamento e o testemunho inequívoco do Cristo de que ele se reencarna. Ora, se ele nasce de novo, de volta à carne, é porque aqui já esteve em outras oportunidades, em outras existências. Logo, ele, não apenas sobrevive à morte do corpo como também preexiste à nova vida na carne" (Mesma obra, p. 81).

Nosso esforço não foi o de detalhar, em tão breve capítulo, o vasto tema da palingênese; foi, sim, o de oferecer os traços mais fundamentais da doutrina reencarnacionista.

Esperando termos alcançado este objetivo, voltar-nos-emos agora para o papel das vidas sucessivas na evolução social, a qual desde o início tem-nos preocupado.

3.

Segundo o filósofo francês Jacques Maritain, nos ensaios que compõem sua obra intitulada *Os direitos do homem* (1967), a sociedade é um *todo* formado por muitos outros *todos* que são as pessoas. Isto porque o ser humano nunca é *meio*; socialmente, deve ser sempre visto como um *fim* em si mesmo. De uma certa forma, o homem sintetiza a finalidade suprema do cosmos. Assim, o pensador cristão-católico e a doutrina espírita-cristã afinam-se ao verem no espetáculo da trajetória humana o objetivo mais elevado da vontade divina; única diferença residindo em que o pensamento apresentado pelos Mentores Espirituais oferece uma idéia de humanidade como reunião de toda consciência reflexiva capaz de evolução individual e coletiva e que não se resume aos habitantes do planeta Terra. Inclui a população terrestre, a humanidade que — sendo imensa maioria — "habita" o mundo espiritual (alguns dizem "o espaço") e mais todos os seres conscientes que habitam, em condições vibratórias as mais diversas, outros corpos celestes em diferentes pontos do universo infinito.

Aqui o que mais importa é termos claro que: 1) cada pessoa é um processo evolutivo em andamento; 2) e que os agrupamentos em povos e nações são como que individualidades coletivas, na singularidade dos seus valores e costumes, em evolução. Ora, os estágios evolutivos dos indivíduos são díspares, disto resultando encontros e desencontros, afinidades e desafinidades nas relações interpessoais; da mesma forma são desiguais os estágios de progresso das sociedades. Grande parte destas se mostra científica e tecnologicamente avançada, mas com grandes e evidentes precariedades morais; parte menor, revelando até um desenvolvimento científico-tecnológico modesto, apresenta melhores condições espirituais e morais, encontrando-se — de raro em raro — agrupamentos humanos que apresentam certo equilíbrio bastante razoável entre os desenvolvimentos material e espiritual.

É, sem dúvida, coisa intrincada a observação do atual estágio de evolução desta humanidade terrestre plurifacetada. Há, porém, — garantem-nos elevados Guias Espirituais — uma complexa equação segundo a qual indivíduos e coletividades obedecem todos à Lei do Progresso, em termos relativos de História e em termos absolutos de eternidade. Trata-se do grande plano divino mencionado pelo Eclesiastes bíblico que nós humanos, na pequenez de nosso entendimento, não visualizamos em absoluto. Especialmente médiuns psicógrafos mostram-se atônitos por se verem constantemente surpreendidos pelo estado vibratório de muitos espíritos que se comunicam através da bênção das faculdades mediúnicas, dizendo tais médiuns que realmente não devemos julgar ou fazer avaliação das condições vibratórias dos desencarnados, pois, muitas vezes, quando os julgamos — por uma lógica ainda estreita — em dificuldades no espaço, apresentam-se leves e luminosos, dando-se também o contrário. Só Deus conhece *todos* os fatores que permitem julgar vidas; o ser humano, por mais que estude, deve ter consciência de suas limitações e ignorâncias.

Assim como ocorre com as pessoas, as quais se desenvolvem por etapas, devemos atentar para as etapas civilizatórias. Há também infância, adolescência, juventude, estado adulto e até senilidade das culturas; toda sociocultura é um projeto que se cumpre e por inúmeras razões esgota-se, entrando em linha de declínio. O pensador social e psicanalista Erich Frömm, que por décadas auxiliou-nos a compreender o mundo, as civilizações e as pessoas, ao longo de sua vasta obra sempre repetiu que nós, sobretudo os ocidentais, ainda não somos mais do que adolescentes, vivendo nossas imaturidades e conflitos, apesar de mostrarmos muito boa capacidade científica e técnica. Isto se afina com as obras da Codificação espírita, as quais afirmam que ainda vivemos uma realidade de provações, aprendizagens duras e expiações em nosso planeta.

Na questão 793 de *O Livro dos Espíritos*, o Codificador pergunta: *"Por que sinais se pode reconhecer uma civilização completa?"* E os Espíritos de Luz respondem:

"Vós a reconhecereis no desenvolvimento moral. Acreditais estar bem avançados porque haveis feito grandes descobertas e invenções maravilhosas e estais melhor alojados e vestidos que os selvagens. Todavia, não tereis, verdadeiramente, o direito de vos dizer civilizados senão quando tiverdes banido de vossa sociedade os vícios que a desonram e puderdes viver, entre

*vós, como irmãos, praticando a caridade cristã. Até lá, **não sois senão povos esclarecidos**, não tendo percorrido senão **a primeira fase** da civilização".*

Isto, desde o século XIX, deixou tudo muito claro para a nossa auto-avaliação. Na Terra ainda não temos por que posar de muito evoluídos; o de que precisamos é de assumir a humanidade da nossa condição, sempre na dimensão esperançosa da Lei de Progresso. A não ser por missionariado, encarnam em nosso planeta os que têm longo caminho de aperfeiçoamento a percorrer. Aperfeiçoamento que não se centraliza por títulos acadêmicos e honrarias, mas por um efetivo engrandecimento moral que vá tornando menos e menos materialista a essência do nosso viver. Nisto, os títulos e honrarias podem contribuir apenas quando aceitos sem vaidade.

A palingênese, em todos os seus aspectos e marcadamente no sentido da evolução individual e coletiva dos humanos, remete-nos àquilo que Teilhard de Chardin chamou — em consonância com as Escrituras — de *o ponto ômega*. Aqui também as obras da Codificação espírita, bem como as de seus mais abalisados intérpretes, apontam para o *ponto ômega* apocalíptico ("Eu sou o alfa e o ômega, o princípio e o fim"), de vez que, em nosso aparentemente tortuoso processo evolutivo, somos necessariamente atraídos para a *espiritualidade plena e para a paz* (que são o próprio *ponto ômega*). A palingênese é o móvel da *noogênese* (*noos:* espírito), na qual as encarnações, com as experiências por estas propiciadas, movem-nos (pelo amor ou pela dor) para a espiritualização da vida, em sua essência.

No Antigo Testamento, Isaías profetizando através de suas visões, escreve poeticamente:

> *"... e o lobo e o cordeiro pastarão juntos, e a comida de ambos terá o mesmo gosto de aurora"* (...) *"E morará o lobo com o cordeiro, e o leopardo com o cabrito se deitará, e o bezerro, e o filho de leão e a nédia ovelha viverão juntos, e um menino pequeno os guiará"*. (Isaías 11:6).

Ante a realidade dura e brutal que presenciamos em nosso mundo de agora, tais profecias soam quase como delírios infundados. Mas tem-nos dito a espiritualidade que o Plano Maior está atento para estes difíceis tempos e que de forma surpreendente se verá que não há de ser quebrada a lei divina da evolução.

O ser humano, com toda a sua natureza problemática e com os abusos do livre-arbítrio, continua sendo um ser infinitamente perfectível. E, como vimos na última questão citada de *O Livro dos Espíritos*, a humanidade recém terminou a sua infância e está nos inícios da adolescência. Alguns perguntarão: "Mas, ecologicamente, haverá tempo para evoluirmos?" Então precisamos lembrar-nos de grandes viradas já ocorridas na História, bem como abrirmos bem nossos olhos para a dimensão de eternidade que nossas vidas têm.

Aceitando a idéia das vidas sucessivas, tudo se torna não apenas mais compreensível, mas tornamo-nos mais responsáveis pelo nosso presente sem imediatismos inúteis, mas vivendo à luz da fé a generosidade sublime de plantarmos para que outros — bem lá no futuro — colham. Na História, há forças conhecidas, mas há também as desconhecidas e imponderáveis; logo, nosso raciocínio indutivo trabalhando apenas com as forças conhecidas não dá conta de saber os passos futuros, tal como algumas ciências arrogantemente têm pretendido.

"*Como todas as outras, chegarão à perfeição passando por outras existências: Deus não deserda ninguém.*" (*O Livro dos Espíritos*, questão 787).

IX - VIDA SOCIAL, RENASCIMENTO E REGENERAÇÃO

Analisando situações subjetivas da mente humana, o psicólogo Stanley Keleman, na obra intitulada *Realidade somática* (1994), apresenta-nos, talvez sem que o perceba, conceitos de grande riqueza para uma mais ampla visão da realidade sociocultural. Diz, o psicólogo em apreço, que subitamente damo-nos conta de que algo muito essencial em nossa forma de viver tornou-se obsoleto, não tendo mais serventia. Keleman chama estas percepções nossas de "finais" (*endings*), não se constituindo necessariamente em anormalidades ou patologias mas, bem ao contrário, formando parte dos processos de crescimento. Algo como a certeza de que um ciclo de valores terminou e já não nos seja possível viver em função deles.

Nesses "finais" (*endings*), tendências variadas se manifestam de saudosismo, de manter um estado de coisas já inviável, de permanecer infantilizados, de ficar assustados e defensivos e, até mesmo, de literalmente morrer. Habituamo-nos de tal modo a certos padrões de pensamento e vida que, para abrirmos mão deles, sentimo-nos morrer. Mas uma coisa é terrivelmente certa: a certeza de que um ciclo vital terminou ("final").

Segue-se, assim, para Stanley Keleman, um momento novo e especial em que vivemos o luto desses "finais", agora denominado "espaço intermediário" (*middle ground*). Já não contamos com os valores antigos que ficaram obsoletos e ainda não temos valores novos; trata-se de uma fase nebulosa e repleta de expectativas, algumas muito belas e esperançosas e outras muito sofridas. Nesta segunda fase ainda nos sentimos apegados aos valores antigos que não funcionam mais. Em tal "espaço intermediário" (*middle ground*) estamos confusos e fragilizados, sabedores de que ali tentações perigosas podem emergir das sombras. Como o diz o próprio Keleman: "... *é o sem forma, é o nascimento da forma, é o lugar onde coisas vêm a ser e a própria concepção nos toca"* (obra citada, p. 64). Há uma convivência de promessas e ameaças, de luzes e sombras pressentidas mais do que vistas; é um estado de recepção e de concepção.

Se nossas energias interiores forem suficientemente fortes ou poderosamente assistidas a ponto de poderem renovar nossas formas de relação com o mundo, aí então chegaremos ao terceiro momento: o "renascimento" *(rebirth)*, em que um novo e belo rearranjo da vida nos abrirá tempos novos e maravilhosamente fecundos, articulados com valores ricos em humanidade. Como dissemos, isto que Keleman aponta ao estudar estados de alma subjetivos pode perfeitamente ser transposto para o estudo da vida social.

Nada é mais forte, neste momento de nossa sociocultura, do que a certeza de que algo como um ciclo de valores equivocados (os da sociedade materialista de consumo) tenha se esgotado. Também nada mais forte do que a incômoda sensação, vivida pela maioria das pessoas, de que ainda não temos valores novos e bons para substituir os que ficaram obsoletos. Estamos inseguros e temos medo, neste nevoeiro de sombras e luzes pressentidas. Ao que parece, estamos em pleno "espaço intermediário" sem ao menos saber se os tempos de "renascimento" estão próximos. Mantendo-nos fiéis à visão de Keleman, saberemos que o "espaço intermediário" é, ao mesmo tempo, amedrontante e fecundamente promissor. Ainda que vivendo uma adolescência civilizatória, temos superado ciclos que perfazem etapas da evolução dos indivíduos e das sociedades.

O grande Léon Denis, das mentes mais atiladas na interpretação da nova revelação espírita, em sua excelente obra intitulada *O grande enigma*, escreveu sobre "A missão do século XX" (capítulo 16) com extraordinária agudeza. Via Denis no século apenas iniciado de então uma missão superior, mas sem ingenuidades sonhadoras; deixou, o pensador, bem claro que o século XX assistiria em sua primeira metade aos desmoronamentos de tudo que constitui os equívocos do passado, prestando-se depois para as preparações de um renascer. Em seu belo estilo, Léon Denis escreveu:

> *"A transição não se faz sem abalo, sem choques violentos. O espetáculo das decomposições que*

se produzem seria lamentável, se não soubéssemos que, às grandes ruínas, sucedem as grandes ressurreições" (pp. 222-223).

Denis mostra-se perfeitamente consciente de que as heranças materialistas do Mundo Moderno que inevitavelmente recebeu o século XX, fariam desmoronarem-se aspectos equivocados da ciência e da educação, isto enquanto trabalhadores tenazes, autênticos missionários em meio científico e educacional, dariam conta de toda a construtividade luminosa do século XX, tal como a passamos em revista — nos seus aspectos principais — no capítulo V ("Luzes") do presente livro.

De certa altura dos anos de 1980 para cá, fomos sentindo as perplexidades do "espaço intermediário" (*middle ground*), principalmente com os acontecimentos que marcaram a queda melancólica do leste europeu, seguidos de sangrentos conflitos inter-étnicos e do outro imenso holocausto cambojano do ditador genocida Pol Pot; aí estavam as perigosas e tentadoras sombras que habitam o "espaço intermediário" no qual ainda nos encontramos, mas agora, ao virar nossas costas para as negatividades, construindo metas positivas para o mundo deste século XXI.

Não faz sentido esperarmos que tudo esteja bem e com alegres cores para que só então façamos planos e desenvolvamos projetos positivos. Não se cura o que já está são. Filósofos, como o alemão Martin Heidegger, algumas vezes têm-nos lembrado de que *"o conflito é a morada da vida"* e que *"é na crise que o pensamento se agiganta"*. O mais importante está em que *queiramos*, desejemos um renascimento, sem cairmos prisioneiros no cárcere do já existente. Para tanto, é indispensável que recuperemos a *dimensão utópica* do nosso pensar e do nosso viver. Sim, há uma gente sombria que vive de velórios, ora dizendo que "Deus está morto", ora falando da "morte das utopias", outras vezes defendendo até mesmo "a morte da História"; pois aqueles que querem pertencer aos remanescentes evangélicos do cristianismo primitivo, como os espíritas-cristãos o querem, estes precisam reacender utopias e marchar para horizontes de renascimento. Detenhamo-nos um pouco para ·compreender adequadamente o utopismo cristão.

Em outros escritos nossos temos apontado para que a expressão grega *u-topos*, da qual deriva nossa palavra *utopia*, apenas menciona aquilo que *ainda não* teve lugar; trata-se de expressão que não tem voz de futuro, não significando o que ainda não teve e nem nunca *terá* lugar. Disto foi desenvolvida uma filosofia conhecida como "pensamento utópico", a qual se configura em três funções fundamentais que dizem:

1º) o real não se esgota no imediatamente dado, sendo necessário que exploremos os *possíveis concretos*, dos quais o real está prenhe. Não devemos nunca confundir a plenitude do real com "o cárcere do já existente".

2º) A utopia tem de ser um instrumento objetivo para explorarmos as possibilidades que concretamente existem no real, apenas não tendo sido ainda alcançadas. Trata-se de trabalharmos com as energias da *esperança* em busca do novo — desse novo que é ruptura com a *experiência* passada que pouco nos acrescentou.

3º) Ao contrário das aparências, a utopia precisa ser exigência de radicalidade. Significando isto que não se trata de cultivarmos *fantasias alienantes*, mas alimentados de esperança e fé, redimensionarmos nosso presente mobilizados pela idéia-força da transformação. Nossa vontade de melhorar o futuro radica em que valorizemos o presente e neste efetivamente atuemos. O filósofo alemão Ernst Bloch diz-nos que *"No futuro moram todas as possibilidades — as muito boas e as muito ruins. Quais se concretizarão? Isto dependerá da dignidade com que assumirmos o nosso presente"*. Este mesmo pensador pondera que estamos postos ante um dilema: a utopia ou nada.

Nessa linha de pensamento utópico é que, neste início de novo século e novo milênio e ainda vendo-nos envolvidos pelos tumultos nada pequenos do século XX, olhamos para o futuro e meditamos acerca do que cada um de nós pode fazer por ele. Então, algumas tarefas importantíssimas vemos esperar de nós o século que ora se inicia. Cumpre-nos não fugir às nossas responsabilidades, nem usarmos como desculpa para nossa negligência o difícil estado de coisas da sociedade atual. Que tarefas podemos divisar para o século XXI? São inúmeras, mas, dentre estas, poderíamos destacar as mais essenciais, que são:

a) a revitalização ética das nossas sociedades, convalescentes dos materialismos vindos do século XIX, dos individualismos frios e calculistas criados pela mentalidade consumista. Nada inovaríamos afirmando que vivemos agora séria crise de valores. Compreenda-se, porém, que não dizemos estar vivendo um tempo *sem* valores. Nenhuma época vive sem valores. O que queremos dizer é que estamos vivendo valores problemáticos e equivocados, contraditórios e empobrecidos. Clama-se por ética na política, por ética nos negócios, por melhor ética familial, isto tudo porque, como dissemos alhures, ao longo do século XX a ética foi a grande exilada pelos individualismos vorazes. Urge que façamos uma revisão raciocinada dos nossos costumes e atitudes e descubramos as razões da falta de respeito e solidariedade em nosso mundo.

b) Também a reordenação político-social com efetiva participação dos espiritualistas e espíritas, até aqui freqüentemente afastados por medo de "sujarem as suas mãos" nos negócios humanos; o que certamente deixa espaço e liberdade para os destituídos de mais firmes princípios morais, com difíceis conseqüências para nossos governos e administrações em geral. Até 1998 preocupava-nos ver raros sinais de vida política no "planeta espírita"; mas o belo livro de Cleusa B. Colombo intitulado *Idéias sociais espíritas* (1998), cuja leitura recomendamos sempre, mostrou-nos, no Espiritismo, setores e movimentos de inspiração político-social e perfeitamente fiéis à doutrina do Codificador. Tal obra nos remete a importantes trechos de *A Gênese*, como aquele no qual Kardec escreve:

> "*Haverá inevitavelmente luta entre idéias. Deste conflito nascerão forçosamente perturbações temporâneas, até que o terreno fique desembaraçado e se restabeleça o equilíbrio. (...) Hoje não são mais as entranhas do globo que se agitam, são as da humanidade*" (p. 383).

A moral cristã, e mormente a cristã-espírita, deve se mostrar atuante não só em sentido caritativo (o qual já se mostra muito importante), mas também em sentido de moralização política e solidarização social voltada para as estruturas de vida. Eis grande tarefa com a qual nos deparamos neste início do século XXI; e não devemos cair na armadilha de uma leitura equivocada das palavras de Jesus: "*O meu reino não é deste mundo*"; o *reino* se plenifica na eternidade, mas se este mundo não tivesse qualquer importância, nele não perderíamos tempo reencarnando. O *reino* de fato não é deste mundo, mas este mundo é elemento de preparação do reino, como o lemos nas obras da Codificação espírita.

Respeitemos necessariamente a todos que, não se sentindo vocacionados optam pelo não-envolvimento político; mas também apresentemos às novas gerações o exemplo de um Dr. Freitas Nobre que, na política, honrou o meio com seus princípios e atitudes espiritualizados, como antes e ainda maiormente o fizera o Dr. Adolfo Bezerra de Menezes. Certamente será mais fácil a reordenação político-social sob as luzes do cristianismo em geral, e do cristianismo, ao nosso ver, mais completo da Doutrina Espírita.

c) As reivindicações ecológicas. Como disse há uns 30 anos Adlai Stevenson, habitamos uma pequena nave espacial chamada Terra; Terra na qual a vida surgiu e se desenvolveu no mais completo equilíbrio e que por muito tempo foi vista e tratada como um santuário divino. No entanto, hoje em dia são tantas as agressões ao meio ambiente, tantas as poluições, devastações de florestas e alterações climáticas que a espécie humana teme não sobreviver aos desastres ecológicos. Sociedades de ecologistas, desde a década de 1970, têm enfrentado lutas extremamente difíceis, às vezes com muito bons resultados.

Nós, espíritas e espiritualistas de toda cepa, devemos ao século XXI nossa mais efusiva demonstração de consciência ecológica, entrando, em nome do Deus Altíssimo e do Mestre Jesus nas duras lutas de preservação deste belo *planeta azul,* como outrora o chamou Yuri Gagarin na primeira viagem humana pelo espaço sideral. Juntamente com as nossas preces, com as nossas vigílias, a nossa ação solidária que tem faltado a esses seres sensíveis das associações de ecologistas. Não devemos fechar-nos em formas templárias ou eclesiais para as quais só contam ações internas às comunidades. Façamo-nos cidadãos do planeta azul, vendo neste uma dádiva de Deus e de seu amor.

Gostamos de criticar o obscurantismo medieval, esquecendo-nos de que a Idade Média via o mundo como algo sagrado e dado por Deus, em cujas harmonias biológicas o homem não tinha o direito de intervir. Nessa Idade passou por nosso mundo, deixando extraordinário rastro de luz, São Francisco de Assis, o qual legou à posteridade o seu "Cântico às Criaturas"; ali, Francisco falou docemente do irmão sol e da irmã lua, das aves como nossas irmãzinhas dos ares e dos peixes como nossos irmãozinhos das águas. De tal modo que, o que vemos em Francisco de Assis é um belíssimo ser humano integrado ao universo e a este irmanado como também criatura de Deus. A Idade Média, em seu teocentrismo às vezes tortuoso, mesmo assim aparece-nos como um período muito ecológico.

Se pensarmos que nada temos a recuperar da Idade Média porque esta foi obscurantista enganamo-nos e, talvez, corramos o sério risco de cairmos em outros obscurantismos e barbáries que podem vir a ser fatais à saúde e à vida do nosso planeta. Na verdade, o século XX já deu importantes passos no conhecimento dos ecossistemas, agora cumprindo ao XXI cerrar fileiras para cobrar dos governos e das administrações medidas concretas que aliviem nossa Terra de tantas agressões que esta vem sofrendo, todas filhas da desenfreada e irresponsável neurose do lucro. No Gênesis bíblico está dito que do homem é a Terra e tudo o que nela há; mas isto carecerá de sentido se nós mesmos, seres humanos, permanecermos destruidores do nosso ambiente. Diz o Decálogo: "Não matarás"; e hoje vemos que este mandamento não pode ser aplicado às relações interhumanas apenas, de vez que não podemos, sem contrariar a vontade de Deus, matar o nosso próprio ambiente, ainda que passo a passo.

d) Após a já comentada "Declaração Universal dos Direitos do Homem" de 1948 (ONU), muitos e positivos desdobramentos aconteceram, vetando genocídios, torturas, maus tratos às mulheres e às crianças, garantindo os direitos dos cidadãos e dos encarcerados. São, todos estes, passos históricos que evidenciam intervenções abençoadas do Plano Espiritual em nossa História.

Eis porque hoje cumpre a cada ser humano de boa vontade a crescente valorização dos direitos humanos, bem como o empenho em contestar os descalabros que temos presenciado, seja em termos da violência social vermelha (a sangrenta) como em termos de violências brancas como as das muitas corrupções que vêm inquietando o mundo e tornando a experiência já triste da pobreza numa experiência ainda mais triste de humilhação.

Se o século XX, em suas "luzes", mostrou-nos importantes realizações no âmbito dos direitos humanos, muito mais caberá realizar a este século que se inicia. E, segundo notícias que nos chegam do Mundo Maior, já se esperou muito e agora passa a haver urgência de responsáveis atuações humanas neste sentido. Todos aqueles cuja vida tem um sentido ético, e mais ainda aqueles cuja existência chegou a um sentido ético-cristão, têm a intransferível responsabilidade de uma valorização sempre mais evidente às proteções dos direitos do homem.

e) A tarefa deste século XXI, que sintetiza todas as anteriores, sendo a sua missão por excelência, é a de tirar multidões humanas do caos individualista para levá-las ao mais elevado sentido da solidariedade e da fraternização. Sentimo-nos às vezes desanimados porque tal missão não é nada pequena, e também porque os meios de comunicação de massas passam-nos a pior imagem possível das condições sociais de hoje. Mas não podemos descrer das promessas evangélicas e nem tampouco investir nossas crenças na vitória do mal no mundo. Já no Antigo Testamento bíblico, o profeta Isaías profetiza poeticamente dizendo: *"... e o lobo e o cordeiro pastarão juntos, e a comida de ambos terá o mesmo gosto de aurora"*. E mais previu Isaías: *"E morará o lobo com o cordeiro, e o leopardo com o cabrito se deitará, e o bezerro, e o filho de leão e a nédia ovelha viverão juntos, e um menino pequeno os guiará"* (Isaías 11:6, passagem já citada).

Depois do tempo de vida do Mestre Jesus, o evangelista João também profetiza que um tempo chegará em que *"haverá um só rebanho e um só pastor"* (João 10:16). Isto está num contexto que não aponta para a uniformidade de pensamento ou para o domínio de uma dada religião; aponta, isto sim, para o fato de que um dia o rebanho da humanidade se irmanará sob a direção de um único pastor: o Amor. Então cumpre a nós, cristãos em geral e espíritas-cristãos, bem como cumpre a todos os espiritualistas que vêem a vida em sua dimensão de eternidade, superarmos nossos desapontos e desânimos para que creiamos de fato nas promessas evangélicas e na bondade de Deus.

Em *O Livro dos Espíritos* (A. Kardec, item 888), está registrada uma mensagem ditada pelo luminoso espírito São Vicente de Paula, a qual termina com as seguintes palavras:

*"Portanto, sede caridosos, não somente dessa caridade que vos leva a tirar de vossa bolsa o óbulo que dais friamente àquele que ousa vo-lo pedir, mas **ide ao encontro das misérias ocultas**. Sede indulgente para com os defeitos dos vossos semelhantes; em lugar de menosprezar a*

> *ignorância e o vício, instruí-os e moralizai-os. Sede dóceis e benevolentes para com todos os que são inferiores, assim como em relação aos seres mais ínfimos da criação, **e tereis obedecido à lei de Deus**".*

Eis uma espécie de programa de fé e ação para o século XXI, posto em traços os mais essenciais. A esta altura não podemos entrar em certos delírios de uma mística exagerada que considera estarmos entrando numa era nova na qual tudo se fará, por si mesmo e quase que de forma mágica, facilmente espiritualizada. Devemos, isto sim, ver claro que há um trabalho enorme para ser realizado pelos homens e mulheres de boa vontade, da mesma forma que nos é preciso entender que nada disto será fácil. Amparados pela espiritualidade maior seremos capazes dessas realizações difíceis, pois, como dizem os Evangelhos, os impossíveis dos homens são os possíveis de Deus.

Dentre as grandes missões do século XXI situa-se o *ecumenismo*, agora como uma exigência planetária. Há quem pense que na década de 1960 o Papa João XXIII apresentou ao mundo pela primeira vez a idéia-força do ecumenismo. Reconheçamos que a figura luminosa de João XXIII fez fulgurar, no céu do século XX, tal idéia-força; naquele generoso coração não cabiam sentimentos excludentes nem excessivas pretensões de "única religião verdadeira" para o Catolicismo. No entanto, em 1857, vemos *O Livro dos Espíritos* exibir a questão de número 982, feita por Kardec aos Mentores Espirituais nos seguintes termos: *"É necessário fazer profissão de fé espírita e de crer nas manifestações para assegurar nossa sorte na vida futura?"* Questão seguida da resposta dada pela espiritualidade:

> *"Se fosse assim, seguir-se-ia que todos aqueles que não crêem ou que não tiveram os mesmos esclarecimentos são deserdados, o que seria absurdo. É o bem que assegura a sorte futura; ora, o bem é sempre o bem, **qualquer que seja o caminho que a ele conduz**".*

Nesta passagem constatamos ser, o ecumenismo, um ideal bem mais antigo do que supúnhamos; vemo-lo como um ideal da própria espiritualidade. Assim, ficam desautorizadas as visões auto-privilegiadoras que fazem esta ou aquela confissão de fé assumir indevida arrogância de "povo escolhido" que tende a reduzir a visão das manifestações divinas apenas ao seu meio. Como lembramos alhures, as escolhas de fé têm a ver com histórias de vida, com condicionamentos socioculturais e, principalmente, com estágios evolutivos; mas o próprio Cristo disse: *"Não julgueis para que não sejais julgados"*, e também: *"Não façais acepção de pessoas"*. De modo que, como antes já anotamos, devemos respeitar as nossas diferenças e unir-nos o mais firmemente no que tenhamos em comum. Convicções que, por suas diferenças, produzem desunião e atitudes sem fraternidade, trazem a marca negativa dos fanatismos.

Temos repetido que o tempo atual é cheio de sofrimentos. Mas queremos também repetir que, muitas vezes, as grandes dores trazem grandes despertamentos. Neste ponto, quiséramos contar interessante episódio acontecido entre o psicólogo Ouspensky e o grande sábio Gurdjeff. Ouspensky viajou da Rússia para Paris, indo à França para ter um tempo de discipulado com Gurdjeff. Este último recebeu Ouspensky em seu apartamento em Paris; feitos os primeiros entendimentos, Gurdjeff declarou que precisavam começar imediatamente a trabalhar. Lembrando a Ouspensky que estavam numa sexta-feira, disse-lhe que iria para a casa de amigos e queria que o psicólogo passasse o fim de semana em seu apartamento, guardando as seguintes instruções: a) não abrir janelas; b) não ligar rádio; c) ficar em silêncio diante de si mesmo, olhando profundamente para sua própria vida. Gurdjeff informou a Ouspensky que na segunda-feira viria buscá-lo para que saíssem.

Como foi pedido, foi feito. Na segunda-feira, o sábio veio e convidou Ouspensky a que passeassem um pouco pelas ruas de Paris. Saíram e foram caminhando ainda em silêncio, enquanto Ouspensky olhava, como que espantado, para os transeuntes. Súbito, o psicólogo segurou o sábio pelo cotovelo e disse-lhe com visível emoção: *"Mestre! parece que estão todos dormindo, andando como sonâmbulos pelas ruas. Tenho nítida impressão de que só nós estamos despertos, nós dois!"* Gurdjeff disse-lhe: *"Que bom discípulo você é! esta é a primeira lição que precisamos aprender: a maior parte da humanidade está sonâmbula no mundo; precisamos encontrar modos de despertá-la para a vida!"*

Todos os humanos, mas principalmente os que estão na condição de *formadores de opinião*, precisam despertar-se pelo autoconhecimento e, tocando palpavelmente a essência transcendente da vida, encontrar maneiras de auxiliar o despertamento dos semelhantes. Nada de pegarmos no sono nesta hora delicada, que é de vigília e de crescimento. E o mais completo de todos os despertamentos consiste em vermos a vida e o mundo, vermos os nossos semelhantes e nós próprios integrados no Tu-eterno, alfa e ômega, princípio, fim e supremo doador de sentido. Nas horas amenas do caminhar humano isto é menos drasticamente necessário do que em tempos difíceis e críticos como é o nosso atual. *"A crise é a morada da vida"*. (Heidegger).

Seja-nos dado concluir este capítulo com um dos mais belos textos do grande Léon Denis:

"Os tempos são vindos, os tempos são chegados! Das profundezas estreladas descem à Terra os espíritos em legião, para o combate da luz contra as trevas.

Não são mais os homens, os sábios e os filósofos que trazem uma doutrina nova. São os Gênios

> *do Espaço que vêm e sopram em nossos pensamentos os ensinos chamados a regenerar o mundo.*
>
> *São os Espíritos de Deus! Todos quantos possuem o dom da clarividência os percebem — pairando acima dos seres da Terra, tomando parte em nossos trabalhos, lutando ao nosso lado para o resgate e a ascensão da Alma humana.*
>
> *Grandes feitos se preparam. Que se ergam os trabalhadores do pensamento, se querem participar da missão oferecida por Deus a todos os que amam a Verdade e a ela servem"* (O Grande Enigma, p. 234).

Libertemo-nos de todo preconceito, unamo-nos em torno do ideal de um mundo melhor sob a luz suprema do Tu-eterno e no amor do Divino Mestre. Disse o pensador brasileiro Rubem Alves algo cheio de verdade e beleza; disse-nos Alves que *esperança* é ouvir a música do futuro; e *fé* é dançá-la. Ouçamos as melodias boas que habitam o futuro, para que alcancemos dançar o Reino.

X - O PÃO DAS PROMESSAS EVANGÉLICAS

> *"Retenhamos firmes a confissão da nossa esperança; porque fiel é o que prometeu"*
>
> **(Hebreus 10:23).**

A língua hebraica, na qual foi escrito o Antigo Testamento bíblico, não tem, em termos estritamente de vocabulário, palavra alguma correspondente ao verbo *prometer* ou ao substantivo *promessa*. No entanto, mesmo assim os profetas muitas vezes enunciaram compromissos de Deus para com o seu povo, tendo inclusive em algumas passagens anunciado claramente a vinda de Jesus ao nosso mundo.

Evolução humana e fatos históricos

Já no Novo Testamento, que foi originalmente escrito em grego, o conceito de *promessa* é nuclear. Sabe-se que os cristãos primitivos, ansiando por uma volta breve do Mestre Jesus, viveram tempos ditos escatológicos — de uma espera de fim dos tempos ou de uma justiça final. Eis por que viveram uma concentrada espera de que logo se cumprissem as promessas do Cristo, acreditando mesmo que teriam pouco tempo a mais sobre a Terra, uma vez que lhes era difícil imaginar que o tempo para Deus é a eternidade. Todo o capítulo 3º da Carta do Apóstolo Paulo aos Gálatas, versa sobre a convicção de que em Jesus dera-se o cumprimento das promessas feitas por Deus aos antigos patriarcas e que a posteridade toda seria alcançada por isto. No versículo 29 deste capítulo lemos: "*E, se sois de Cristo, então sois descendência de Abraão, e* **herdeiros conforme a promessa**".

Hoje, o conceito de *promessa* deve permanecer central a todas as confissões cristãs, embora não só a estas. Afinal, o próprio Jesus disse:

> "*Tenho-vos dito isto, para que em mim tenhais paz; no mundo tereis aflições, mas tende bom ânimo, EU VENCI O MUNDO*" (João 16:33).

Eis importantíssima e vigorosa promessa. Primeiro, de que viremos a ter paz no mundo; segundo, de que tenhamos confiança no Mestre ("bom ânimo") para vencermos as aflições historicamente previstas, pois que a moral crística venceu o mundo adverso, desde o *ponto alfa* (início da saga humana). Não fora assim, não teria também afirmado o Cristo:

> *"Deixo-vos a paz, a minha paz vos dou: não vo-la dou como o mundo a dá. Não se turbe o vosso coração, nem se atemorize"* (João 14:27).

Descrer da evolução é como descrer do bem e do poder de Deus sempre proclamado por Jesus entre os homens. É rendermo-nos à superficialidade da *mídia*, sem que retiremos as forças necessárias para o cotidiano de nossa vida espiritual das promessas evangélicas. Indiscutivelmente, vivemos tempos de aflição social; mas, informam-nos os Mentores Espirituais que vai chegando um momento de depuração de nosso planeta. Conseqüentemente, as forças sombrias se desesperam e tentam tomar de assalto as nossas vidas e a nossa fé. Ante esse ataque desesperado, cabe-nos crer, vigiar, orar e, sobretudo, agir em nome da luz.

Herdeiros que somos de uma Idade Moderna crescentemente materialista, envolvidos e também desencantados pelo individualismo liberalista (ou neoliberal) da sociedade de consumo, grande é ainda o número de céticos. Há os decepcionados pelos muitos erros da história das religiões tradicionais; isto é, mostram-se fracos ante a adversidade, mas será difícil não reconhecermos a razão que têm; assim como há céticos e agnósticos mais superficiais, que o são por razões *"fashion"* porque, inconscientemente fixados à mentalidade do século XIX e da primeira metade do XX, consideram humilhantemente fora de moda ter-se qualquer fé transcendente. A estes últimos, o difícil é dar-lhes razão de vez que se parecem a "canas agitadas pelo vento".

Há aqueles vitimados pelo intelectualismo de grande pose; de um modo aparentemente arrogante, pensam que crer é apenas uma *rendição fideísta e desinteligente*, caracterizadora dos espíritos fracos e pouco exigentes. Então, pensamos: o que dizer-se de Albert Schweitzer, de um Einstein, de um Teilhard de Chardin, de um Werner Heisenberg ou, antes, de um Victor Hugo?

Mas ainda há os que são céticos porque ainda não perceberam que agora, os mais conscientes movimentos espiritualistas buscam uma *nova* espiritualidade, sempre nascida em nossas potencialidades afetivo-emocionais, porém extremamente enriquecida com subsídios científicos e filosóficos que fazem do impulso primitivo uma fé raciocinada principalmente alimentada dos avanços científicos e filosóficos que não se deixam restringir pelos velhos conceitos positivistas ou pela rigidez nova (e surda) dos neo-positivismos. Há espaçosos e sensíveis corações que, todavia, ainda não lograram perceber essa busca de uma espiritualidade *nova* e, portanto, ecumênica.

Como se vê, há muitos tipos de céticos e agnósticos, e nenhum deles deve ser alvo de crítica desrespeitosa. O que todos estes tipos têm em comum *quase* sempre (pois cremos que apesar de tudo, não devemos generalizar) é alimentarem certa descrença na capacidade individual e social de aperfeiçoamento e melhoria. No entanto, o destacado antropólogo Ashley Montagu, em sua obra intitulada *A natureza da agressividade humana* (1978), após demoradas e criteriosas pesquisas em várias culturas, conclui que o ser humano é infinitamente perfectível.

Montagu apresenta-nos importantes dados documentais e argumentação quanto à capacidade ilimitada que o homem tem de aperfeiçoar-se, denunciando um certo interesse ideológico de alguns setores do pensamento contemporâneo em difundir visão pessimista do ser humano.

Como antes observamos, descrer da perfectibilidade humana é desacreditar dos propósitos da Criação. O que é especialmente estranho é vermos inúmeras pessoas dizendo-se profissionalmente educadoras, mostrando-se descrentes da capacidade humana de autoaperfeiçoamento. Sem dúvida, isto é flagrantemente paradoxal. Se educar consiste em levarmos o educando — ou, melhor, auxiliá-lo a ir — de uma condição rudimentar de vida a outra mais aperfeiçoada, como alguém pode ser educador sem acreditar na perfectibilidade dos educandos? Porém, estamos de tal modo aprisionados pelas clarinadas sinistras da mídia, que voltamos as costas para o pão das promessas evangélicas e, muitas vezes, deixamo-nos cair na estagnação da descrença quanto à evolução humana, mormente em seu aspecto social.

Evangelho é vocábulo que significa "boa nova"; assim, quando falamos de promessas evangélicas não restringimos o significado destas apenas ao que podemos encontrar nas páginas dos quatro Evangelhos bíblicos. Isto porque, após as revelações dos tempos apostólicos (1º século após a morte de Jesus), Deus prosseguiu agindo na História, preparando a humanidade para a Terceira Revelação, feita pelos Obreiros Espirituais pela veiculação de Allan Kardec no século XIX. Assim, para os que lêem aprofundando devidamente o sentido das coisas, como que novas promessas evangélicas — renovadas pelo detalhamento possível no Mundo Moderno — foram feitas à humanidade.

Recapitulemos que uma primeira grande revelação se dá através da força carismática e missionária de Moisés, filho adotivo (ao que consta) da filha do faraó do Egito, mas que assumiu a voz de sua ancestralidade e se deu à sua missão espiritual de libertar o povo hebreu do cativeiro egípcio e, conduzindo-o longamente pelo deserto, mostrar a este povo que "Deus é um e um só" e, como Criador, exige de suas criaturas que vivam segundo as leis divinas, em nome da harmonia e de uma básica paz social. A história de Moisés é fascinante. Foi ele um líder — legislador fiel a Deus, mas com tal força de personalidade que, ao que informam os textos do Antigo Testamento, tinha mesmo momentos de discussão com Deus. Num dado instante, ele sobe irritado a um monte e diz ao Senhor — imaginamos que com voz tonitroante: *"Se não fores capaz de perdoar este povo, risca o meu nome do Teu livro!"* E Deus amou imensamente àquele filho de espírito meio tempestuoso mas que, deixando para trás as regalias de neto de faraó, dedicou toda a sua existência aos semelhantes.

Moisés significou uma Primeira Revelação das leis divinas que deveriam apascentar o rebanho do Senhor. Mas, muitos séculos adiante, o legalismo mosaico receberia nova configuração que substituía a idéia de vingança divina pela de amor e perdão divinos que deveriam refletir-se entre os seres humanos. Foi a Segunda Revelação, de Jesus, o Mestre de Nazaré, filho de Deus que veio a este mundo para solidificar o processo de *amorização*, como um ideal para o qual não se podia ter pressa ou imediatismos, pois que, afinal, era nobre e elevada inspiração trazida a um mundo ainda um tanto primitivo — local de provas e expiações.

Caminhos mais ou menos desejáveis foram percorridos pelos ensinamentos de Jesus; mas foi o suficiente para preparar a humanidade para os séculos XVIII, XIX e XX, ocasiões em que se daria aquilo que o médico e escritor inglês Sir Arthur Conan Doyle denominou *"uma invasão massiva e organizada dos espíritos"* em nossa História. De tal modo que, em 1857, após contínuas mas esporádicas manifestações espíritas na História, o conclave do Espírito de Verdade, contando com a inteligente e inspirada argüição do professor Hyppolite Léon Denizard de Rivail (Allan Kardec), faz ao mundo a Terceira Revelação que — em termos editoriais — começou por *O Livro dos Espíritos*, fazendo-se seguir pelo *O Livro dos Médiuns* e pelo *O Evangelho Segundo o Espiritismo* — obras cujos conteúdos foram desdobrados em outros livros de Kardec, bem como em livros de discípulos e seguidores mais próximos, dos brilhos de Léon Denis e Gabriel Delanne, dentre outros.

Já em *O Livro dos Espíritos* Kardec anotava:

"Provai, não por negação, mas por fatos, que isso não existe, nunca existiu e nem pode existir. Se isso não existe, então dizei o que existiria em seu lugar. Enfim, provai que as conseqüências do Espiritismo não tornam os homens melhores, e portanto mais felizes, pela prática da mais pura moral evangélica, moral que muito se louva, mas

muito pouco se pratica. Quando tiverdes feito isso, tereis o direito de atacar o Espiritismo." (p. 405).

Ao longo das obras acima mencionadas, na medida em que o progresso e a amorização são apresentados como *leis* (especialmente nos capítulos "A Lei do Progresso" e "Lei de justiça, de amor e de caridade" d'*O Livro dos Espíritos*), configuram-se para nós novas promessas evangélicas que auxiliam-nos a que não caiamos nas armadilhas dos negativismos e dos desânimos. Sobretudo aqueles que, de uma forma ou de outra, vêem-se como "formadores de opinião", se não se alimentarem do pão das promessas evangélicas de olhos postos no *Ponto Ômega*, entrarão por extravios e descaminhos cujas conseqüências não serão pequenas para os educandos. Então, repetimos, descrer da evolução é descrer do próprio Deus e de sua Lei do Progresso, sendo aqui necessário reportarmo-nos à epígrafe deste capítulo:

"*Retenhamos firmes a confissão da nossa esperança; porque fiel é o que prometeu*" (Hebreus 10:23).

Diferenciamos duas coisas: a) uma é a compreensão de que habitamos um planeta ainda cheio de imperfeições morais, cheio de sofrimentos e aflições em razão de seu precário grau evolutivo; b) outra coisa é deixarmo-nos ficar presos a um condicionamento mental que nos fixe nas negatividades do mundo, impedindo-nos de ver as figuras e realizações luminosas que este nos apresenta também. Naturalmente, é muito importante termos consciência dos males para que não vivamos alienados; mas também é importante a certeza da transitoriedade desses males, os quais não poderão vencer a Deus. Santo Agostinho já nos ensinava, quinze séculos passados, que o mal não tem existência em si mesmo; como o escuro é apenas ausência de luz, o mal não pode ser mais do que ausência de bem e de amor. Assim, será importante termos olhos analíticos e críticos sobre o nosso tempo, mas não para repudiá-lo ou apenas lamentá-lo. Devemos ter uma criticidade tal que nos disponha a melhorá-lo.

O professor Carlos Toledo Rizzini, em sua obra *Psicologia & Espiritismo* (1996), estuda, como cientista que foi, o desenvolvimento científico e técnico e todos os lamentáveis abusos que o ser humano tem cometido sobre a bela obra que Deus lhe permitiu edificar. Conclui seu belo estudo (pp. 265-285), porém, aplaudindo a capacidade dada ao homem por Deus e observando com firmeza:

> *"O que realmente se faz mister, acima de tudo, é uma revolução moral, uma transformação interior, conforme dizem A. Toynbee e o Espiritismo, trocando os valores de compra e venda por valores humanos (Wiesner) ou, ainda, os valores da Revolução Industrial pelos valores de São Francisco de Assis (Toynbee). (...) Mudar a sociedade nesse sentido, buscando o equilíbrio social, econômico e ecológico, é tão difícil 'a ponto de exigir uma revolução copernicana da mente', esclarecem Meadows e Cols"* (p. 282).

Mentes atiladas dirão que isto se mostra quase impossível; mas os Evangelhos afirmam que *"os impossíveis dos homens são os possíveis de Deus"*. Atentemos para as promessas veiculadas ao tempo de Kardec. Tratava-se então da boa nova (Evangelho) trazida pelos espíritos desencarnados em missão evangélica e que figura ainda como um conjunto de orientações para a Terceira Revelação, entre nós coordenada pelo Espírito de Verdade.

No livro de Allan Kardec de título *Obras Póstumas*, assim denominado por reunir trabalhos e registros inéditos do Codificador, lemos já: *"Não sentis como um vento que sopra sobre a Terra e agita todos os Espíritos? O mundo está numa espera e como tomado de um vago pressentimento da aproximação da tempestade"* (p. 312). Pois aquilo que no século XIX foi um "vago pressentimento" abateu-se violentamente sobre o século XX; muitos foram os sofrimentos, inúmeros os desesperos que marcaram o século recém-findo que respondeu por mais de 73% das mortes por guerra dos últimos 5.000 anos, como antes já demonstramos.

Léon Denis dizia que a transição não se faria sem abalos, choques e sofrimentos. Que seria terrível o espetáculo da decomposição das velhas formas dogmáticas, das "disciplinas envelhecidas", enfim, de um ciclo histórico marcado por equívocos sérios como o da Idade Moderna (*O Grande Enigma,* pp. 222-223). O brilho dos avanços científicos e tecnológicos haveria de temporariamente cair nas armadilhas da arrogância humana e da humana irresponsabilidade, em razão de o homem virar as costas para o espiritual, que é sua essência (pp. 224-225).

Em mensagens de Mentores Espirituais, veiculadas por médiuns parisienses respeitáveis em 25 de abril de 1866 encontramos previsões explicativas do que agora estamos vivendo, como: *desencarnações massivas*, em cataclismas e acidentes; *reencarnações seletivas*, que previam a retirada da Terra dos espíritos maléficos recalcitrantes e teimosos; *avanços morais e intelectuais* de muitos, tornando-os capazes de aguda percepção espiritual e vocacionados para a renovação do planeta, em sua vida social.

Lemos, em *Obras Póstumas*, as seguintes palavras dos Espíritos de Luz anotadas por Kardec:

> *"Tendo chegado esse tempo, uma grande emigração se cumprirá, nesse momento, entre aqueles que a habitam (a Terra); aqueles que fazem o mal pelo mal, que o sentimento do bem não toca, não sendo mais dignos da Terra transformada, dela serão excluídos, porque a ela levariam, de novo, a perturbação e seriam um obstáculo ao progresso. Irão expiar o seu endurecimento em mundos inferiores, onde levarão os seus conhecimentos adquiridos, e que*

terão por missão fazê-los avançar. Serão substituídos na Terra por Espíritos melhores, que farão reinar, entre eles, a justiça, a paz e a fraternidade" (p. 312).

Nesta mesma comunicação é dito a Kardec, noutras palavras, que isto iria acontecendo de modo espontâneo e discreto, sem trombeteios, "como de hábito" (p. 313). Há, porém, os que agem mal e até podem acabar adentrando o crime vitimados por fortes influências do meio. Estes são temporariamente maus, mas não por uma essência dura e resistente; estes não serão expurgados; esperar-se-á sua desencarnação para aprendizados importantes no Plano Maior e, mais liberados dos condicionamentos ruins, voltarão à Terra. *"Pelas vossas preces e as vossas exortações, vós mesmos podeis contribuir para o seu adiantamento, porque há solidariedade perpétua entre os mortos e os viventes"* (p. 314).

Eis, portanto, como a Terceira Revelação traz-nos também importantes promessas evangélicas. Em hora turbulenta e difícil como a atual, tais promessas têm que ser o pão que nutre os espíritos de boa vontade. Os Espíritos de Luz, em comunicações feitas a Kardec, as quais têm sido renovadas em tempos mais recentes, descartam a idéia de um "fim do mundo material"; haverá, sim, o fim de grande ciclo humano, mas antes que os seres humanos destruam o seu mundo — destruindo-se e à vida, por conseqüência — a *vontade divina* mudará as coisas.

Ora, sendo o homem um espírito eterno, temos que pensar a sua evolução, o seu progresso, em dimensão de eternidade. O imediatismo escatológico (de "fim dos tempos") que viveram nossos irmãos do cristianismo primitivo já não faz sentido para nós, herdeiros agora da Terceira Revelação, a qual apresenta novas promessas que, ao contrário, pedem-nos paciência na ação fraterna. Aqui faz-se necessário darmo-nos conta de que, nas relações humanas, somos todos *educadores* (ou deseducadores); aqueles de nós que se situam entre os chamados "formadores de opinião", têm imensa responsabilidade, pois, como escreveu Kardec em seu século XIX: *"Será pela educação, mais ainda do que pela instrução, que se transformará a Humanidade"* (Obras Póstumas, p. 371).

Emmanuel, entidade espiritual extremamente amiga do Brasil por sua encarnação jesuítica entre nós no passado, mas sobretudo amigo da humanidade filha de Deus, em seu *Livro da Esperança* (psicografado por Francisco Cândido Xavier) escreve:

> *"Não condenes a Terra pelo desequilíbrio de alguns.*
> *Medita em todos os que se encontram suando e sofrendo, lutando e amando, no levantamento do futuro melhor, e reconhecerás que o Divino Construtor do Reino de Deus no mundo está esperando também por ti".*

Nestas linhas finais, queremos erguer uma prece; e que esta prece, levada pelo fluido cósmico até o "coração" de nosso Pai Eterno, desça depois sobre as almas sequiosas dos que buscam sinceramente entender nosso tempo, com suas muitas aflições. Que os seus efeitos sejam como sementes em solo bom e lavrado, para que a semeadura divina propicie o cumprimento das promessas de tempos melhores, em rica colheita. A oração dos que se alimentam com o pão das promessas evangélicas é serena e realista, acreditando no poder das obras humanas inspiradas no bem, assim como respeitando os limites que apontam para o que está além das nossas forças: o que está apenas no poder de Deus.

Em 1943, o teólogo Reinhold Niebhur, repetiu insistentemente uma oração simples, a qual acabou conhecida como "a prece da serenidade". Cinqüenta e oito anos após, repitamos as sábias palavras que o teólogo dirigia a Deus e ao Divino Mestre:

"Ó Deus, dê-nos
a serenidade de aceitar o que não pode ser mudado,
a coragem de mudar o que deveria ser mudado,
e a sabedoria de distinguir uma coisa de outra".

Que apesar das dificuldades que encontramos em nosso mundo atual; apesar de nossas próprias fraquezas e imperfeições, aceitemos serenamente o que não pudermos melhorar ou modificar, mas que sobretudo tenhamos coragem para mudar para melhor o que estiver ao nosso alcance. Que apesar da extensão de nossa ignorância, saibamos diferenciar uma coisa de outra. Ao fim, que ouçamos atentamente a voz do servo de Jesus que entre nós se fez conhecer e amar pelo nome de Emmanuel, ao aconselhar-nos este: *"Não condenes a Terra pelo desequilíbrio de alguns"*.

Que comamos o saboroso pão da promessa de Jesus que disse carinhosamente:

*"Tenho-vos dito isto, para que em mim tenhais paz; no mundo tereis aflições, mas tende bom ânimo, **eu venci o mundo**"* (João 16:33).

Ao contrário do que, muitas vezes, tendemos a acreditar, segue o ser humano em linha ascensional de progresso como o demonstram as análises históricas. Assim, não devemos deixar que nossa pequena e hesitante fé traia o Grande Plano divino que, sabemos, movimenta-se pela Lei do Progresso. Neste delicado momento, cabe-nos *crer, vigiar, instruir-nos, orar* e — acima de tudo — *agir*.

E que desde agora vivamos a eternidade.

COMO CONCLUSÃO

Muitos têm sido os livros que se debruçam sobre questões atinentes ao tema da evolução, tanto em termos planetários quanto em linha de estudo do progresso humano. Autores de notável competência científica e filosófica como Teilhard de Chardin, Gabriel Delanne, Ken Wilber e Jorge Andréa (para citarmos alguns apenas) têm oferecido ao público leitor preciosos textos que, em hipótese alguma, deveriam ser ignorados. Chardin, Delanne, Wilber e Andréa põem a agudeza de suas mentes a rastrear a formação do mundo, neste o surgimento das primeiras formas de vida, chegando finalmente ao estudo do desenvolvimento da vida consciente — a propriamente humana. Se desejamos menos ritualismos de igreja do que uma compreensão mais rica da trajetória da vida e da consciência na Terra, devemos pôr de lado toda preguiça mental e deter-nos nos belos e inspirados trabalhos de autores como os citados.

Sentimos, porém, embora na modéstia de nossas possibilidades, que fazia falta um pequeno livro que apresentasse um estudo descomplicado sobre o tema da Lei de Progresso, mas agora questionando aspectos do *mundo contemporâneo* quanto à evolução individual e coletiva. Um estudo que, neste início do século XXI e do terceiro milênio da era cristã, apresentasse uma visão detida e honesta dos acontecimentos sombrios e luminosos que caracterizaram o século XX — complexa época, por sua vez herdeira direta dos acertos e equívocos do chamado Mundo Moderno (séculos XVI ao XIX).

Com facilidade aceitamos que o distanciamento histórico praticamente não existe ainda, o que poderia levar-nos a avaliações equivocadas do século recém-terminado. Mas o fato de termos participado dessa história recente, se de um lado nos envolve emocionalmente e pode dificultar as isenções de análise, de outro lado permite que não prestemos nosso depoimento apenas como observadores distanciados, mas como partícipes de delicado segmento da história humana. Ora, em nosso caso há algo muito importante, que é contarmos com as diretrizes que nos garantem os Evangelhos e as páginas precisas da codificação kardequiana quanto ao progresso humano enquanto Lei.

Pode ser que daqui a muitas décadas seja possível ver com maior nitidez o século XX; no entanto, se os tempos futuros não puderem contar com testemunhos e depoimentos dos que viveram a turbulência do século há pouco terminado, aumentar-se-ão os riscos de interpretações mal feitas, com avaliações que não contaram com as vozes dos diretamente envolvidos num complexo momento histórico como o que aqui foi focalizado em primeiro plano.

Nas páginas iniciais deste pequeno livro dizíamos o quanto têm-nos impressionado as percepções negativistas que temos encontrado em nossos deslocamentos para palestras e conferências, percepções segundo as quais o progresso individual e social não passa de um piedoso desejo que não encontra confirmação nos aspectos de violência social que marcam nossos tempos. Impressionados, procuramos interrogar muito sinceramente a História das Civilizações, as promessas evangélicas e os firmes ensinamentos colhidos na codificação de Kardec. Ninguém imagine ter sido, esta, uma tarefa fácil, prazenteira e indolor, pois, enquanto com grande felicidade íamos encontrando as confirmações da evolução individual e social, ao mesmo tempo éramos testados e provados por acontecimentos contemporâneos brutais (como os massacres inter-étnicos da Iugoslávia, da África e de outros rincões) e desanimadores (como a corrupção político-administrativa e avanços do crime organizado). Muitas foram as brutalidades que nos testaram. Foi cumprimento de difícil tarefa, conquanto seu resultado final tenha sido motivo de profundas alegrias e de muita gratidão a Deus e ao Mestre Jesus.

A experiência, de grande densidade, de que, a despeito das inúmeras fraquezas humanas no uso do seu livre-arbítrio, cumpre-se uma vontade superior, a qual tem um seguro plano traçado para a humanidade, que vai do alfa ao ômega, do princípio ao fim, é alguma coisa que, abatendo quaisquer envaidecimentos tolos, devolve-nos à condição de *criaturas* cujo objetivo é evoluir para, em algum tempo futuro, contemplar a face de Deus. O Apóstolo Paulo dizia que *"Por ora vemos em enigma, como em um jogo de espelhos; mas, um dia, veremos face a face"*; e o exercício

Evolução humana e fatos históricos 171

espiritual e intelectual de fazer o presente estudo dá-nos, no mínimo, firme convicção nisto que é "prometido" inspiradamente pelo Apóstolo Paulo. Na precariedade da nossa condição espiritual que serenamente reconhecemos, mesmo assim foi-nos dado enxergar muito, e nosso coração enche-se de gratidão à Espiritualidade Maior e de louvores ao nosso Deus de amor, misericórdia e justiça.

Eis a razão pela qual estaremos muito felizes se os nossos irmãos de jornada encarnatória tiverem dedicado sua melhor atenção à simplicidade desta obra. O panorama que nos foi dado contemplar era imenso e fascinante, mas assumimos com a Espiritualidade o compromisso de que fosse um livro transparente e fluido, ainda que com dados e interpretações que exigiram certa elaboração. Certa vez perguntaram ao filósofo alemão Schopenhauer o que era, em sua opinião, ensinar filosofia; ao que Schopenhauer respondeu com o seguinte ensinamento: *"Trata-se de abordar temas bem incomuns, da maneira mais comum possível"*. Pois, neste escrito muito singelo, embora em momento algum nos pareça termos ensinado qualquer filosofia, assim mesmo procuramos apresentar abordagens para este momento incomuns, mas da maneira mais clara e simples que nos foi possível alcançar.

Há muito percebemos que o meio espírita, tomado em seu geral, fez-se mal acostumado com brevíssimas leituras de mensagens que quase se caracterizam como entretenimento espiritual. Mas Kardec, ainda no seu século XIX, alertava para o fato de que competia aos espíritas *instruirem-se*, com isto sabendo utilizar diferentes textos para diferentes momentos. As boas mensagens curtas caem como orvalho que dessedenta a terra queimada pelo sol, nos momentos preparatórios de prece e meditação espiritual; logo, não se põe qualquer dúvida quanto à sua importância, até mesmo porque se não tivessem real valor não seriam ditadas pelos bons espíritos aos valorosos médiuns psicógrafos. Mas, para que cresçamos, alargando e aprofundando nossos conhecimentos, temos necessidade de textos que — ora mais complexos, ora menos — têm como objetivo conduzir-nos ao estudo.

De qualquer maneira, ao levantarmos material para a presente obra, localizamos também importantes vozes poéticas que, com sonoridade e muita beleza, cantaram a evolução humana no seio da evolução planetária, com páginas inesquecíveis sobre o tema das vidas sucessivas.

Assim, quiséramos neste encerramento dar um pouco a palavra aos poetas — esses seres pouco comuns que vivem entre o pensamento e o absoluto, a cantar a vida da maneira que a sua vocação intuitiva impõe. É sempre impressionante o dom poético e, como advertia Victor Hugo, esse dom faz-se ainda mais sublime quando posto ao serviço dos temas espirituais. Será, portanto, necessariamente enriquecedor abrirmos as nossas mentes e os nossos corações para neles acolhermos os ritmos e sons que emprestam magia aos temas do espírito captados pelas antenas intuitivas dos poetas. Palavras que trazem o hálito divino.

Pelos fins do século XIX, notabilizou-se um poema do escritor Jean Lahore, que fora contemporâneo de outras celebridades espíritas como Théophile Gautier, Victor Hugo, George Sand, cujo tema abrange a evolução como um todo e, nesta, a palingênese. De modo um tanto livre, traduzimos o poema de Lahore que passamos a transcrever:

"Como no fundo das florestas e das puras fontes
Treme um pálido raio de lua, amortalhado,
Amigo, a memória das longínquas existências
Treme no meu coração sob as ondas do olvido.

Há em mim um mundo de confusos pensamentos,
Sinto obscuramente ter vivido sempre;
Que vaguei longamente pelas florestas passadas
E que a besta conserva ainda, em mim, amores.

Sinto confusamente o inverno, quando cai a tarde,
E que outrora, animal ou planta, eu sofri,
Quando Adonis sangrante dormia pálido em sua
tumba,
E meu coração reverdeceu ao reverdecer de tudo.

Quando meu espírito aspira à pura luz,
Sinto todo um passado que o traz em cadeias;
Vejo fluir em mim a obscuridade primeva,
A terra assim sombria ao tempo em que nasci.

Minha alma dormiu muito na noite maternal;
Para subir ao dia, de que esforços precisei!
Eu queria ser puro: mas a vergonha original,
O velho sangue da besta largou por meu corpo!"

Como se pode ver, apesar do inevitável empobrecimento de uma tradução, este poema é bela construção artística derivada de profunda intuição espiritual. O mesmo veremos fruir da pena do poeta parnasiano maranhense Adelino da Fontoura Chaves, que viveu no século XIX. Em poema intitulado "Jornada", Fontoura Chaves escreve:

"Fui átomo, vibrando entre as forças do Espaço,
Devorando amplidões, em longa e ansiosa espera...
Partícula, pensei... Encarcerado, eu era
Infusório do mar em montões de sargaço.

Por séculos fui planta em movimento escasso,
Sofri no inverno rude e amei na primavera;
Depois, fui animal, e no instinto da fera
Achei a inteligência e avancei passo a passo...

Guardei por muito tempo a expressão dos gorilas,
Pondo mais fé nas mãos e mais luz nas pupilas,
A lutar e chorar para, então, compreendê-las!...

Agora, homem que sou, pelo Foro Divino,
Vivo de corpo em corpo a forjar o destino
Que me leve a transpor o clarão das estrelas!..."

Soneto de excelente lavor, constitui-se também em bela intuição reflexiva sobre o tema complexo da evolução.

Quase seria possível compilarmos hoje uma antologia breve de peças poéticas sobre o evolver da vida e a doutrina das vidas sucessivas. Porém, não é hora mais de onerarmos o tempo dos leitores, de vez que a velocidade do nosso dia a dia infelizmente restringe a muitos a disponibilidade para essas meditações poéticas. Apenas não queríamos dar por terminada esta obra sem que déssemos a palavra também a dois excelentes poetas.

Estas páginas finais, que figuram como conclusão, nada terminam ou encerram, buscando, ao contrário, fecundar o prosseguimento das reflexões de todos sobre o tema que nós, com o apoio da Espiritualidade mas também sujeitos às nossas próprias limitações, desenvolvemos em linhas gerais. Respeitando o que se projetou para este escrito, apenas cerramos aqui as portas das nossas sugestões e comentários, convidando os nossos irmãos de caminho encarnatório ao prosseguimento.

Este estudo nasceu e cresceu em nós de uma estranha forma que a nós se impunha, diferentemente dos projetos que nutríamos em nosso nível de decisões racionais. Apesar de sua modéstia, este escrito é, segundo o vemos, o cumprimento de uma tarefa com a qual o Mundo Espiritual nos abençoou. Tudo o que, então, pedimos ao nosso Deus e ao Mestre Jesus é que tenhamos contribuído com algo — ainda que pouco — para que os espíritas-cristãos instruam-se, meditando acerca dos fatos históricos recentes, ocorridos em um mundo do qual temos efetivamente participado.

Relembremos isto: somos seres em evolução habitando um planeta ainda atrasado. Alguns luminares viveram (ou vivem) aqui, mas estes são espíritos missionários que nos trazem o ânimo do fogo divino. Nós, homens e mulheres comuns, apenas esforçamo-nos em busca da luz da verdade; por isto, é necessário não tirarmos os olhos de nossa humilde condição. Todavia, nossa condição precária não nos dispensa de trabalhar à procura de uma compreensão que, embora passo a passo, vá se tornando cada vez um pouco melhor. Muito ao contrário, é a precariedade de nossa condição que pede, de nossa parte maior trabalho, rogando que nosso labor receba a bênção do Altíssimo.

Embora atingidos pelas reais dificuldades do tempo presente, não temos vivido em vão. E isto nos faz concluir dando graças a Deus.

BIBLIOGRAFIA

ALVES, Rubem. *A gestação do futuro*. Campinas: Papirus Edit., 1986.

ANDRADE, Hernani G. *Reencarnação no Brasil - oito casos que sugerem renascimento*. São Paulo: IBPP, 1988.

ANDRÉA, Jorge. *Impulsos criativos da evolução*. Niterói: Ed. Arte e Cultura, 2ª ed., 1989.

_____. *Palingênese, a grande lei*. Petrópolis: Socied. Edit. Espiritualista F. V. Lorenz, 4ª ed., 1990.

BERGER, Peter. *Um rumor de anjos*. Petrópolis: Ed. Vozes, 1973.

Bíblia Sagrada. Rio de Janeiro: Imprensa Bíblica Brasileira, 1957.

CHARDIN, Teilhard de. *O fenômeno humano*. São Paulo: Ed. Cultrix, 1992.

COLOMBO, Cleusa Beraldi. *Idéias sociais espíritas*. São Paulo: IDEBA/Edit. Comenius, 1998.

DELANNE, Gabriel. *A Evolução Anímica*. Rio de Janeiro: FEB, 1992.

_____. *A reencarnação*. Rio de Janeiro: FEB, 1992.

DENIS, Léon. *O grande enigma*. Rio de Janeiro: FEB, 8ª ed., 1988.

_____. *O problema do ser, do destino e da dor*. Rio de Janeiro: FEB, 15ª ed., 1989.

DOYLE, Sir Arthur Conan. *História do Espiritismo*. São Paulo: Ed. Pensamento, s/d.

ECKHARDT, William. *Civilizations, Empires and Wars*. North Carolina and London: MacFarland & Company Inc., 1999.

FOUCAULT, *Michel*. Histoire de la folie à f'âge classique. Paris: Gallimard, 1972.

FREI BETTO. *Sinfonia universal*. São Paulo: Edit. Ática, 2ª ed., 1997.

GUITTON, J., BOGDANOV, G. e BOGDANOV, I. *Deus e a ciência*. Rio de Janeiro: Ed. Nova Fronteira, 1992.

JASPERS, Karl. *A situação espiritual do nosso tempo*. Lisboa: Edit. Moraes, 1964.

KARDEC, Allan. *A Gênese*. Rio de Janeiro: FEB, 34ª ed., 1991.

_____. *O Evangelho segundo o Espiritismo*. Araras: IDE, 140ª ed., 1991.

_____. *O Livro dos Espíritos*. Araras: Instituto de Difusão Espírita, 60ª ed., 1990.

_____. *Obras Póstumas*. Araras: IDE, 5ª edição, 1996.

KELEMAN, Stanley. *Realidade somática*. São Paulo: Summus Edit., 1994.

MAILLARD, Jean de. *Un Monde sans Loi*. Paris: Ed. Stock, 2000.

MARITAIN, Jacques. *Os direitos do homem*. Rio de Janeiro: Ed. José Olympio, 1967.

MIRANDA, Hermínio Correia. *A reencarnação na Bíblia*. São Paulo: Ed. Pensamento, 1979.

MORAIS, Regis de. *Ecologia da mente*. Campinas: Ed. PSY, 1993.

RIZZINI, Carlos T. *Psicologia & Espiritismo*. Matão: Casa Editora O CLARIM, 1996.

SCHWEITZER, Albert. *Decadência e regeneração da cultura*. São Paulo: Ed. Melhoramentos, 1959.

WIENER, Norbert. *Cibernética e sociedade*. São Paulo: Ed. Cultrix, 3ª ed., 1970.

WILBER, Ken. *Sexo, ecología y espiritualidad - el alma de la evolución*. Madrid: Ed. Gaia, 1996 (I° volume da Trilogia del Cosmos).

XAVIER, Francisco Cândido (Espírito Emmanuel). *A Caminho da Luz. História da Civilização à luz do Espiritismo*. Rio de Janeiro: FEB, 15ª edição, 1987.